JN185520

夢の扉＋《プラス》

あきらめない人が心に刻んだ

24の言葉

TBS「夢の扉+」制作班

NTT出版

まえがき

「とにかく、ナレーターの選定を急がなければ……」

「夢の扉＋」のリニューアルスタートを切る2011年4月を目前に控え、我々は頭を抱えていた。「全世代が楽しめるインパクトのある番組をつくりたい」。その思いにかなうナレーターを1人選ぶとしたら誰なのか。スタッフ会議は行き詰まっていた。そんな中、突拍子もないアイデアを出してみた。

「各世代が楽しめる番組をつくろうとしているのだから、各世代から起用してはどうか」

通常のドキュメンタリー番組では、ナレーターは1人。複数起用してローテーションで行うなど、あり得ない発想だった。スタッフも戸惑いを隠せない。番組イメージが定着しにくいのではないか、そんな懸念もあった。

ところが具体的な名前を挙げてみると、思いのほかバランスがいい。当時、40代だった中井貴一さん、30代の坂口憲二さん、20代の向井理さん。ベテラン中井さんは、バラエティ豊かな表現力と抜群の安定感がある。アウトドア派の坂口さんは、さわやかな語り口調。向井さんは飾らない自然な語りで若手の成長株。三者三様の個性が集結し、インパクトのあるナレーター陣となった。今までの常識を覆す発想の転換が突破口となり、番組の骨格づくりが大きく前進した。

その後、第1回目の放送直前に東日本大震災が発生し、急遽、放送内容を変更せざるを得ないなど幾度となく試練に直面したが、その度に乗り越えてきた。しかし我々以上に、番組の主人公たちは大きな壁にぶち当たり、もがき苦しみ、それでも未来を切り拓いている。「夢の扉＋」は、そんな熱い志と深いビジョンを持った、夢の実現に努力を積み重ねてきた人たちのドキュメンタリー番組である。２００４年10月にスタートし、リニューアルを経て、２０１４年に放送10周年を迎えた。

本書では、24名の主人公たちがつむぎ出した、力強い言葉が登場する。だが、すべての主人公が最初から自分の哲学、自分の言葉を持っていたわけではない。カメラが追い、取材者が取材相手に幾つもの質問を投げかけることで、一つの言葉が誕生することもあった。そんな執念の取材を行う一方、できる限りありのままの姿を紹介することにも努めてきた。彼らは夢をかなえ、軽やかに人生を歩んできたように見えるかもしれない。しかし、多くの読者と同じように挫折や苦難を味わい、ときに自信を失い、苦悩する日々を送っている。では、夢をかなえる人と、そうでない人との境界線は、どこにあるのだろうか。本書をお読みいただければ、その答えが見えてくるはずだ。彼らの生き方の中に、人生を切り拓くヒントが、きっとたくさん詰まっている。

ＴＢＳテレビ　報道局「夢の扉＋」チーフプロデューサー　黒岩亜純

日本独自の発想と技術を世界に届ける

中井 貴一

「夢の扉+」には、〝日本の力〟が詰まっています。

科学、医療、産業、伝統芸能など、それぞれの分野で大きな夢を掲げ、それに向かって前進する人々こそ、日本が世界に誇る財産です。

私は、ナレーターという立場で番組に関わってきました。ナレーターは言葉だけで幅広い内容を伝えるため難しい仕事ではありますが、表現する力を磨くという意味で、役者にとっていい勉強になります。この番組のナレーションを行うにあたっては、あくまで自分はわき役に徹し、主張し過ぎない。自分の感情をグッととらえて、番組に登場するドリームメーカーの人生を客観的に語っていくことを意識しています。

これまでたくさんのドリームメーカーの人生に寄り添ってきましたが、すべての方が前向きで、多くの人のためになることを実現している。その姿勢はまさに職人です。

これからは、世界に迎合するのではなく、日本独自の発想と技術を世界に届ける時代を迎えます。「夢の扉+」を通じてドリームメーカーの情熱に触れ、〝夢を持つすばらしさ〟を感じていただけたらと思います。

前向きな人生から元気をもらう

坂口 憲二

「夢の扉＋」の収録が、いつも本当に楽しみです。ナレーターとして、毎回どんな夢を持った方に出会うことができるのかとワクワクしています。

私はサーフィンなどを楽しんで自然に触れる機会が多いこともあり、天然資源を活かして新しいものを生み出している方などは特に印象に残っています。今、環境問題への注目度が増し、私もビーチクリーン活動などを行っていますが、「夢の扉＋」にはもっとすばらしいアイデアを持っている方が登場するので勉強になります。

「夢の扉＋」で取り上げたドリームメーカーの中には、きっとあなたにも刺激を与え、気持ちを前向きにしてくれる人がいることでしょう。もしかすると、人生を変えるような出会いがあるかもしれません。

夢をまっすぐに見据え、失敗してもあきらめずに前を向き、ときにピンチをチャンスに変え、常に情熱を持って生きる。そんな人たちの生き方を見ていると、私はいつも元気になります。「夢の扉＋」に登場する方々を知ったとき、あなたもきっと読む前より元気になっているはずです。

新たな技術が未来の伝統となる

向井理

「夢の扉＋」も5年目を迎え、ナレーターとして参加し続けていることに喜びを感じています。この番組に登場する方々は皆、独創的な発想で新しい文化をつくっています。その一方で、一つひとつ違うテーマが描かれているので、それに合わせて私も伝え方を変え、幅広い世代に楽しんでもらえるように努力しています。これからも、メイド・イン・ジャパンの技術と、それに関わる人たちの熱意を届けていきたいです。ナレーションをするにあたっては、いつも客観的であることを意識しています。けれど、どうしても感情移入してしまい、収録前に原稿を一読した時点でつい涙を流してしまうことも。「夢の扉＋」には、そんな感動のエッセンスがたくさん詰まっています。

この番組で紹介している日本発の技術やアイデアは、きっと10年後、１００年後には、世界に誇れる日本独自の文化や伝統となっていくことでしょう。それらが生まれる過程にリアルタイムで立ち会えているのは、個人的にも感慨深いことです。「夢の扉＋」を通じ、日本人の底力を感じてほしいと思います。日本はまだまだ元気です。

夢の扉＋
あきらめない人が心に刻んだ24の言葉

CONTENTS

まえがき　2

1章　逆境にめげそうになる　11

逆転の発想
㈱能作　社長　能作克治さん　12

〝できない〟と言う人はできない理由を探し、〝できる〟と言う人はできる理由を探す
佐賀大学　教授　池上康之さん　20

意志あれば道あり
アンテナ・デザイン　工業デザイナー　宇田川信学さん　28

挫折が夢を大きくする
香川大学　特任教授　何森健さん　36

2章 自分の実力に自信が持てない 45
弱みを強みに変える
宮崎県木材利用技術センター 所長 飯村豊さん 46
気づいた人こそチャレンジ!
エムスクエア・ラボ 社長 加藤百合子さん 54
あなたにしか出来ない、あなたの人生が表れる仕事をして欲しい
京都大学 生存圏研究所 教授 矢野浩之さん 62
人と違っていることを恐れるな
テキサス大学 筑波大学 教授 柳沢正史さん 70
〝出来たらいいな〟を〝出来る〟に変える
パナソニック先端研究本部 工学博士 山田由佳さん 78
3章 時間に追われて余裕がない 87
ここでやらなければ二度と出来ない
JAXA イプシロンロケット プロジェクトマネージャー 森田泰弘さん 88
人事を尽くして天命を待つ
東京大学大学院 情報学環・生産技術研究所 教授 大島まりさん 96

CONTENTS

150%努力して、ようやくつかみかけるのが夢
サイアメント 代表取締役 瀬尾拡史さん 104

儲からへん仕事が肝心
日本料理アカデミー理事長「菊乃井」3代目 村田吉弘さん 112

4章 がんばる理由が見出せない 121

自分がやらなきゃ誰がやる
東京大学 先端科学技術研究センター 准教授 巖淵守さん 122

障がいは人にあるのではなく、技術にある
ソニーコンピュータサイエンス研究所 アソシエイトリサーチャー 遠藤謙さん 130

じっくり力を蓄えチャンスで一気に爆発させる
高知工科大学 教授 渡邊高志さん 138

発明は求められてこそ
ナルセ機材 社長 鳴瀬益幸さん 146

プロジェクトマネージャーは、プロジェクトのために自分を捨てる
国立天文台 教授 井口聖さん 154

5章 マンネリから逃れられない 163

問題がないのではなく見えていないだけ
早稲田大学 教育・総合科学学術院 教授 河村茂雄さん 164

リスクを取らなければイノベーションは生まれない
アキュセラ社 ファウンダー兼会長 窪田良さん 172

革新を見つけて、千年後の伝統を創る
堀木エリ子&アソシエイツ 代表取締役 堀木エリ子さん 180

脱常識
愛媛大学大学院 教授 野村信福さん 188

共鳴する夢は世代を超える
清水建設 環境・技術ソリューション本部 竹内真幸さん 196

〝やる〟ではなく〝やり抜く〟
新光硝子工業 工場長 関谷智宏さん 204

あとがき 214

CONTENTS

1章

逆境にめげそうになる

夢や目標をかなえるには、
逆境を乗り越えなくてはいけない。
多くの人が、そのことに気づいているはずだ。けれど、
予想以上の困難に見舞われたとき、
解決の糸口が見つからないとき、心は折れそうになる。
それでも走り続けるには、どうすればいいのか。
ピンチや挫折を力に変えた4人の生き様が、
解決のヒントを与えてくれる。

Episode 01

仕事が行き詰まる、お金がない、将来を見通せない……。
そんな過酷な状況でも人は気持ちを奮い起こすことができるのか。
——できる。周りの声に耳を傾け、
常識にとらわれない柔軟な発想があれば。

逆転の発想

「曲がる食器」で
世界を驚嘆させる

㈱能作　社長

能作《のうさく》 克治《かつじ》 さん

大阪芸術大学写真学科卒業後、新聞社に写真記者として入社。結婚を機に義父の経営する㈱能作に入社し、職人の道に入る。鋳物の製作現場で修行を積み、2003年に社長就任。錫の特性を活かした「曲がる食器」を開発し、東京の老舗デパートなどから注文が殺到する。フランス・パリで開かれた博覧会にも出品し、大きな注目を集める。

人は困難に直面したとき、解決の糸口をアイデアに求める

人生には困難がつきものだ。いくつものピンチがあなたを襲う。難しい研究に必死で取り組むも将来が見えない。上司から突然大きな仕事を振られて頭を抱える。自分の会社を興したものの赤字ばかりが膨らんでいく……。その内容や深刻さは人それぞれ。だが、困難に直面した人たちはみんな、一様にこう思うのではないだろうか。

「このピンチを切り抜ける、何かいいアイデアはないか」

しかし、状況を好転させるようなすばらしいアイデアなど、そう簡単には浮かばない。考えた末に解決の糸口が見えないと、なおのこと悩みは深まる。そんなとき、どうすればいいのか？　どうしたら問題を解決するアイデアが浮かぶのだろうか？

伝統工芸の世界に身を置くある鋳物職人の生き方にヒントが隠されている。あなたは「曲がる食器」というものを知っているだろうか。例えば鋳物でできた平たい鍋敷きのような作品。蓮の花をかたどったような網目状の美しいフォルムをしている。しかし、中心をグッと下に引っ張ると……グニャリ！　立体的な形に変わり、モダンなカゴに早変わり。使い手の好みに合わせて好きなように形を変えられるのだ。

鋳物
加熱して溶かした金属を型に流し込み、冷えて固まった後に取り出してできる金属製品。鋳物は日本では古来より盛んにつくられ、古刹（古寺）の鐘や、奈良の大仏なども鋳造されたもの。富山県高岡市は江戸時代以前から鋳物の町として栄えてきた。

この画期的な食器を生み出したのが、能作克治。富山県高岡市に工場を構え、経営者として辣腕を振るうとともに自らも鋳物職人として現場に立つ。

「世の常識を変え、職人の地位を取り戻す」

そんな目標を掲げる彼も、かつては困難に直面し、打開策を模索していた。

常識を打ち破るために闘うことが困難を打開する第一歩

能作は、はじめから鋳物職人だったわけではない。もとはサラリーマンだったが、町工場の一人娘と結婚したのを機に一念発起して職人の世界へと飛び込んだ。

「以前からモノづくりが好きでした。だから、婿に行こうと決心できたんです」

しかし、職人の世界は腕がすべて。跡取りということで肩書きこそ専務だったが、特別扱いはされず、入社当時の月給は13万円。仕事は想像以上に過酷だった。朝から晩まで1000度を超える溶鉱炉と対峙し、体は汗と砂でベトベト。体力の消耗が激しく、下血しながらも仕事を続け、極度の貧血症になったこともあった。その上、当時高岡市の鋳物産業は不景気続きで、多くの工場が廃業。能作の会社も経営は火の車。いくら働

能作がつくった鋳物作品。一見すると、平たい鍋敷きのように見える。

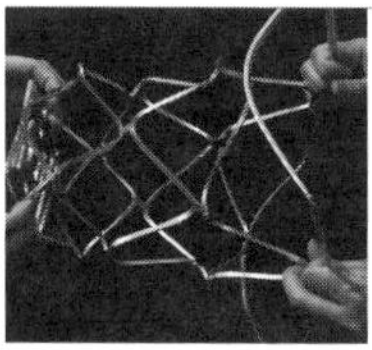

少し力を入れると伸び、形が自在に変わる。野菜を入れるカゴにもなれば、花瓶をそのまま入れることもできる。

いても製品が売れなければ給料は上がらず、「これでは夢も希望もない」と多くの職人が去っていった。そんな苦境に直面しながらも、ただひたすらに働き続け、職人として技を磨いた。日々の労働時間に比例して能作の腕はめきめきと上がっていった。

ある日、能作の職場を母子の一団が見学に訪れた。その前で能作は鋳物職人の技を披露する。だが、その最中にある母親が口にした言葉に思わず耳を疑った。

「よく見なさい。ちゃんと勉強しないと、あのおじさんみたいになるわよ」

自分が馬鹿にされたというより鋳物職人全体がそのような目で見られていると思い、愕然とした。悔しいことに、それが今の世間からの評価なのだ。能作は誓った。

「職人の地位を取り戻す!」

「常識」を打ち破るための闘いが始まった。それはやがて世界を驚かす逆転の発想へとつながっていく。

周りの声に耳を傾けることで逆転の発想が次々と生まれる

「伝統の技を活かしつつ、なんとか最先端の製品をつくれないものか」

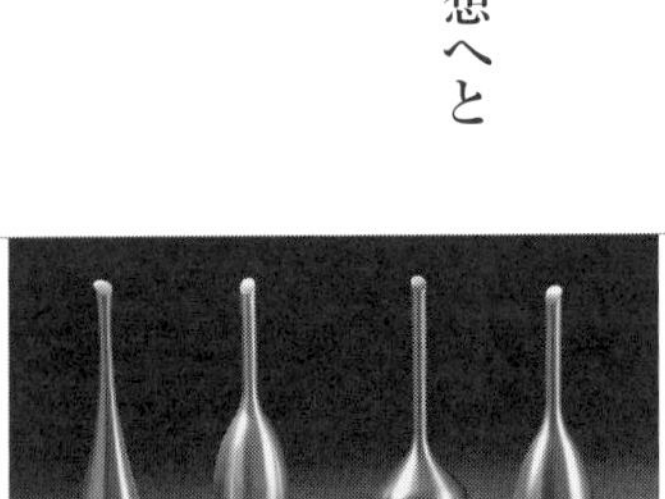

能作が起死回生を狙って創作したハンドベル。しかし、売り上げは振るわず……。

試行錯誤の末、生まれたのが、持ち手の長いおしゃれなハンドベル。柔らかな曲線を持つ自信作だった。だが、全国で30個しか売れず……。頭を抱える能作の耳に、販売店員の言葉が飛び込んでくる。

「これ、風鈴にしたらいいのに」

その言葉にハッとした。

「洋から和へ、まさに逆転の発想でした」

能作は己の技術に自信を持ちながらも、周囲の言葉に耳を傾ける。だからこそ、少しずつ道が拓けていく。早速ハンドベルを風鈴につくり替えて販売すると、１個４０００円もする風鈴が全国で３０００個も売れた。

その追い風に乗り、第二の目玉商品として食器の製作に取りかかる。その素材として選んだのが、錫《すず》。変色しづらく、抗菌作用が強いという特徴を持つ。欧米では錫と鉛の合金が高級食器に使われてきた。だが、能作は今までにない錫１００％の食器をつくることを目指した。

しかし、そのアイデアには大きな欠点があった。錫はとても柔らかく、簡単に形が変わってしまう。案の定、食器づくりは難航した。

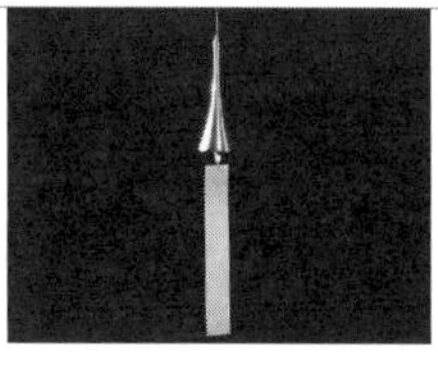

ハンドベルに改良を加えて新たに発売した風鈴。全国で３０００個も売れ、ニューヨーク近代美術館からも注文を受けた。

「どうにかしてこの欠点を補う手はないか……」

この窮地を打開したのは、またしても能作のヒアリング能力だった。あるデザイナーが「曲がるのを欠点ではなく、長所にしてしまえばいい」と助言してくれたのだ。能作はそのアイデアを真摯に受け止め、試行錯誤を重ねた。

そして、ついに曲がる食器が誕生する。その斬新さ、美しさから次第に反響が広がり、全国のデパートに置かれるようになった。世界の一流店の雑貨バイヤーからも注目され、海を越えて販路が拡大し続けている。

「常識を覆すことで革新が生まれます。これからも逆転の発想を大切にしながら職人という仕事のすばらしさを伝え、人材の育成にもつなげていきたいと思います」

常識にとらわれない柔軟な発想は、厳しい状況を劇的に変える可能性を秘める。もちろん、その発想を得るためにすべきことは多い。いかなるときでも地道に努力し、チャレンジを続ける。周囲の声に耳を傾ける姿勢も不可欠だ。

しかし、今日、この瞬間からできることもある。それは、あなたを取り巻く状況を別の角度から見てみることだ。袋小路に陥っているように思っていても、突破口は必ず見つかる。くさらず、しぶとく取り組んでいこう。いつの日か必ず光が射してくる。

能作の工場でつくられた作品たち。日本のみならず、海外からも注文を受けている。

チーフプロデューサー　黒岩亜純の「眼」

「最も印象に残った回はどれですか？」

こんな質問をよくされるが、私は即座に「『夢の扉＋』として番組がリニューアルした初回に放送した能作さんの回です」と答える。それは、当時の混乱と、それを乗り越えた体験を思い出してしまうからである。

今だから白状できるが、当時、〝逆境〟に立たされていた。リニューアル初回を迎える1か月前の2011年3月11日、TBS社内は大混乱に陥っていた。テレビモニターには、東日本の広範囲にわたって震度7や6の数字が表示され、私は「これは阪神淡路大震災の被害を超える！」と直感した。折しもこのとき準備していたのは、噴火がくすぶる新燃岳《しんもえだけ》（鹿児島県）周辺で、自然災害に立ち向かう人物の話だった。しかし、すべてのテレビ局が震災報道に徹している時期に的外れな内容になりかねない。急遽、別の企画を考え出さなければならなかった。

企画会議では、「震災から立ち上がる被災者を取り上げたらどうか？」という案も浮上。だが、日本中が深い絶望と悲嘆に暮れている中で、被災者の様子を「夢のある話」として取り上げるのは時期尚早だ。番組は、どうにも前に進めない〝逆境〟に立たされていた。

こんなときだからこそ、ひたむきにがんばる日本人を取り上げたい。そんな〝発想の転換〟が生まれた瞬間、取材がある程度進んでいた能作さんの顔が浮んだ。

取材スケジュールを早め、放送日まで懸命につくり上げた。放送直前、私は試写を見て、胸が熱くなった。伝統工芸である鋳物産業が廃れていくことに危機感を覚え、生き残る道を探した能作さん。田舎の小さな町から東京を経由し、世界に羽ばたいた原動力は、日本の技術と、仕事に対して真摯に取り組む日本人の気質そのものだった。一人の人間の限界と挑戦、そして〝逆転の発想〟で苦難を乗り越えた体験を紹介した初回の放送は、多くの視聴者から共感を集めた。「夢の扉＋」の原点が、まさにここにある。

Episode 02

〝できない〟と言う人はできない理由を探し、〝できる〟と言う人はできる理由を探す

理由を探す

夢をかなえる人、あきらめる人、
両者の分岐点はどこにあるのか？
逆境のなか、マイナスの考えに頭を支配されつつあるときこそ、
あえて考えたい。
どうしたら、実現することができるかを。

日本の海から
膨大な電力を生み出す

佐賀大学　教授

池上《いけがみ》 康之《やすゆき》 さん

佐賀大学理工学部生産機械工学科卒業、同大学大学院理工学研究科生産機械工学専攻修士課程修了。米国デューク大学訪問研究員、佐賀大学海洋エネルギー研究センター助教授などを経て現職。海水の温度差を利用した発電方法を長年研究し、沖縄県久米島での実証プラントを支援。2013年3月に運転を開始した。

できない理由を聞かされて心から納得できるのか

「計画はすばらしいが、現実的に考えれば実現は不可能だ」

上司、先輩、または周りの多くの人たちからそう言われたとしたら、あなたはどんな行動をとるだろうか？　不可能である理由を聞いて「仕方ない」とあきらめる。これも一つの選択と言えるだろう。

でも、それで心から納得できるだろうか。あきらめた時点で夢の実現は「永遠に不可能になる」のに。

今、日本の南端・沖縄で運転が行われている海洋温度差発電。「海の表面の海水と深層海水との温度差を利用して半永久的に電気をつくる」という夢のような発電技術の研究は、長い間「実現できるわけがない」と否定され続けてきた。発電プラントを建設・設置するために必要な高い技術、莫大なコストなどがネックとなり、火力発電や原子力発電に比肩するものではないと見なされてきた。

そんな逆境に直面しながらも、佐賀大学の池上康之は決してあきらめなかった。世界の国々がこの研究を断念するなか、地道な努力を続け、ついに世界に先駆けて実用化へ

海洋温度差発電
海の表層部の温かい海水と、深海の冷たい海洋深層水との温度差を利用してタービン（機械の回転運動のエネルギーを電気エネルギーに変換するために用いる機械）を回して電気を生み出す発電方法。海洋温度差エネルギーを最大限利用した場合の発電量は、原子力発電所25基分にもなるという試算がある。

Episode 02

の第一歩を踏み出す。

「『できない』と言う人は、できないと決めつけて、そのための理由を言っているだけなんです。『できる』と言う人はできると決めて、できる理由を探し、そのための行動をとる。それが続ける力になります」

この信条こそが池上の原動力。同じ佐賀大学での恩師である上原春男の後ろ姿から学んだ。

上原は、今から40年以上も前に海洋温度差発電の可能性を見抜き、実用化できる発電システムとして考案。まだ机上の空論のように思われていた発電方法を研究し続け、日本をこの研究における世界のトップクラスにまで押し上げた。池上は、どんなに逆風にさらされても研究を続けた恩師の背中から「あきらめない」姿勢と、「できる」と信じて行動を起こすことの大切さを学びとったのだ。

ポジティブな考え方が同じ志を持つ人を引き寄せる

困難やピンチを迎えても、どこかに可能性を見出し、一途に行動する。その姿勢は、

上原春男
工学者。専門は海洋温度差発電、凝縮熱伝達。海洋温度差発電システム「ウエハラサイクル」を発明。佐賀大学を退官後、NPO法人海洋温度差発電推進機構を設立する。

必ずや状況を好転させる。なぜなら、その**ポジティブな力は周囲の人を引き寄せ、目標を達成するための仲間に変える**からだ。池上にも、そんな仲間がいた。

海洋温度差発電は二酸化炭素を一切排出せず、広大な海から大量の電力をつくることができる。しかし、発電プラントの建設には莫大な費用がかかる。建設候補地に挙がった沖縄県久米島の人々も、多額の建設費用に二の足を踏み、正式な島の事業に採択されずにいた。

だが、途方に暮れる池上の前に強力な助っ人、日系4世のガイ・トオヤマが現れる。ハワイ在住のガイは、原油価格の下落で打ち切りになっていた海洋温度差発電の再開を訴え、ハワイでの実用化に向けて情熱を注いでいたのだ。

困難に立ち向かうとき、人は自分と同じ志を持つ人間とタッグを組むことで強くなれる。くじけそうな心を奮い立たせる勇気が湧いてくる。

同じ夢を見て、同じ挫折を味わってきた2人は学会で出会うとすぐに打ち解け、まるで昔からの親友のように時間を忘れて語り合った。

「行政や企業が理解してくれないなら、自分たちが何とかしよう」

「必ずできる」と心に誓ったからこそ、あとは行動する以外に選択肢はなかった。

久米島
沖縄本島から西に約100㎞に位置する島。人口は1万人弱。クルマエビや海ぶどうが名産品。

池上は国内外で開催されたさまざまな学会に出席し、海洋温度差発電の重要性を訴えた。

仲間がいるからこそ「絶対にできる！」と思える

2人はまず、久米島での発電プラントの建設に向け動き出す。さまざまな行政や企業に、海洋温度差発電の必要性、実現可能性を訴えた。それでも首を縦に振ってもらえない。案の定、「できない理由」をいくつも並べられ、池上は悔しさを禁じ得なかった。「でも、できないと言われたことを逆に自分のエネルギーに変えていかなければ、決して成功はない」

池上の心は折れなかった。なぜなら、自分と同じ志の仲間がいたから。ハワイと久米島、二つの島が力を合わせれば実現できる。そう信じた。

池上は少しでも発電プラントの建設コストを抑えるため、企業との共同開発にも力を注いだ。試行錯誤の末、効率よく熱を伝える高伝熱チタン板を開発。これを使って熱交換器のプレートをつくることにより、当初の建設コストを20％以上削減することに成功。2人が奔走した結果、2012年1月、ついに正式な県の事業として久米島での発電プラントの建設が決定した。しかし喜びも束の間、本格的にプロジェクトが動き出した矢

沖縄県久米島の海岸付近に建設された発電プラント。海外からも多くの見学者が訪れる。

先に、ガイが心臓発作で倒れ、この世を去る。

あまりに突然の親友の死。信じられないほどの深い悲しみのなか、池上は決意した。

「ガイの遺志を継いで研究を進めることが一番の恩返しだ！」

その思いを胸に研究を続け、2013年3月、ついに海洋温度差発電のプラントが完成した。池上と多くの関係者に見守られるなか、発電用のタービンがゆっくり動き出す。そして……、「発電しました！」。その場にいた全員が拍手をし、抱き合って喜ぶ。池上も満面の笑みを浮かべながら皆と握手を交わす。

「今日は私だけでなく、これまで日本で海洋温度差発電開発を一生懸命にやってきた人たち全員にとって歴史的なスタートです」

池上はそう言って、感謝の意を表した。そばにはガイの写真も飾られていた。

本格的な実用化まで、これからもいくつの困難に出会うかわからない。しかし、池上にはできない理由を探す時間など1秒もない。志半ばにしてこの世を去った友の思いを、海洋温度差発電に夢を託すすべての人の願いを背負っているから。

どんなときでも「できる理由」を探し、行動する。そのシンプルな情熱は多くの人を巻き込み、あなたが心に宿してきた決意をより強固なものとするだろう。

海洋温度差発電により電気が生まれた瞬間、池上は仲間とともに手を叩いて喜びを分かち合った。

【チーフプロデューサー 黒岩亜純の「眼」】

池上さんは今の日本を「鳥かごの中で餌を食べている状態」だと言う。安全な場所で、個人も組織もリスクをとらない。先生も親も、子どもたちが失敗しないように、いろいろと手を差し伸べる。しかしそんな日本で、大丈夫か？　池上さんは手厳しく指摘する。

「リスクをとらないリスクがあるんだ」

この言葉の重みは、都内のある小学校の決断と重なる。生徒が木から転落する事故が起き、足を骨折してしまった。敷地内にある木を自由に登り降りして、遊ぶことができる小学校だった。事故の後、学校側がどう対処するかの判断を迫られた際、心配する父兄を前に、これまで通りの方針を貫くことを学校側が説明した。今後のリスクを考えたら、木登りを禁止した方が安全だ。しかし、子どもたちから木登りを奪うことの方がはるかにリスクが高い。彼らの成長過程には大事なものだと判断した結果だった。こうした英断を下せるのは、最近の学校では珍しいのかもしれない。池上さんは、今の教育現場にこう苦言を呈する。

「学校ではリスクをどう減らしていくかを教育しているが、リスクをどう乗り越えていくかをもっと教えるべきだ」

研究者、教育者としての揺るぎない哲学が、そこにはある。若者の成長のために、若者がチャレンジできる社会をつくりたい。リスクをとれば、当然、失敗がある。失敗があれば、クレームもくる。しかし、池上さんはめげない。なぜなら、他人の文句や不満を〝エネルギー〟に変えてしまうからだ。発想を一つ変えれば、クレームだって良薬になる。

「批判を必ず乗り越えてみせるという気概が大事。私が次世代に残していきたい財産、それは逆境をどう乗り越えるかということです。それも言葉だけでは強制的になってしまうので、行動で示していきたい」

そのために、自らの研究開発を広め、世界中を駆け巡り、逆風を追い風に変える挑戦を今も続けている。

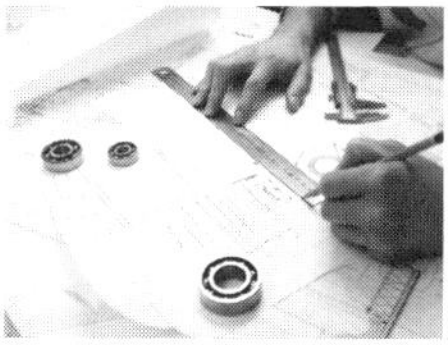

Episode 03

意志あれば道あり

何か行動を起こそうとしたとき、根底にあるのは「もっとこうしたい!」という熱い思い。意志があるからこそ、人は夢や目標に向かって走り続けることができる。それが尽きない限り、どんなときでも道は拓ける。

ニューヨークの地下鉄を再生させる

アンテナ・デザイン　工業デザイナー

宇田川《うだがわ》 信学《まさみち》 さん

千葉大学工業意匠学科を卒業後、音楽機器メーカーに入社するも2年半で退社。その後、アメリカに渡ってデザインを学び、現在の事務所を設立。ニューヨーク地下鉄の券売機や車両デザインを一新し、地下鉄の効率性をアップさせるとともに犯罪の減少にも貢献。「最も重要なニューヨーカー100人」に選出される。

さまざまな難問に直面しても解決策を見つけようとする

人の心には、常に弱い気持ちが潜む。それが大きくなると、知識や経験、時間やお金など、「何か」が足りないことを言い訳にして、夢をあきらめようとする。

だが、夢へと続く道は、根気強く歩き続ける者の前にしか拓けない。あきらめずに一歩一歩、前へ。どんなに高い壁が立ちはだかったとしても、前進する意志があれば、いつか必ず目指す場所にたどり着ける。そのことを証明したのが、工業デザイナーの宇田川信学。デザインの力を駆使し、「危ない」「汚い」の代名詞だったニューヨークの地下鉄を、誰もが効率的に安心して利用できる場所に変えた。

実現までの道のりは決して平坦ではなかった。ニューヨークの地下鉄は清潔とは言い難く、車両の外にも中にも落書きが目立つ。そして、駅の窓口にはいつも長蛇の列……。日本のきれいな地下鉄に慣れたデザイナーなら、どこから手をつければいいのか、頭を抱えたかもしれない。ニューヨークに拠点を置く宇田川にとっても、決して簡単なミッションではなかっただろう。それでも彼は前を向き、解決策を考えた。

「意志あれば道あり」

工業デザイナー
自動車、航空機、船舶、家電製品などのデザインや設計を手掛けるデザイナー。近年は、製品の形や機能だけでなく、生産システムやインフラ設備全体をよりよいものにするため工夫を凝らす工業デザイナーも増えている。

Episode 03

今の状況を変えようとする強い意志が、斬新なアイデアを生み出す契機となった。

他者の立場に立って考え、根気強く取り組む

宇田川がまず着手したのは自動券売機。ニューヨークの地下鉄には1999年まで券売機がなく、利用者は駅員から乗車券を買っていた。そのため、常に長蛇の列ができている状況だった。宇田川は、ニューヨーカーの立場に立って解決策を練った。

「ニューヨークには自動販売機が少なく、ATMの使い方を知らない人も珍しくない。どのように機械と接してもらえばよいのか、その点を何度も考えました」

試行錯誤の末でき上がったデザインは、二つの点で画期的だった。まず一つ目はお金の支払い方法。最初にお金を払う日本の券売機とは異なり、最後にお金を支払うシステムにした。二つ目の特徴は対話型形式だ。タッチパネルに質問が表示されることで、自動販売機に馴染みのない利用者の不安を払拭した。なぜ、このようなアイデアを生み出すことができたのか。その答えは、宇田川のある言葉に隠されている。

「人々の行動をデザインすることを通じてよりよい生活、よりよい社会を実現したい」

宇田川がデザインを手掛ける前のニューヨーク地下鉄。車両内の至る所に落書きが目立ち、座席に横たわって眠っている人も。

それこそが、宇田川の意志であり、彼がいつも大切にしている思いだ。

意志の強い人間は、ともすればエゴイストのようなイメージを与えがちである。だが、宇田川の姿はそれとは大きく異なる。他者の立場に立ち、その人にとっての幸せをイメージする。その姿勢と強い意志が結びつき、大きな成果を生み出す。

そして、強い意志で道を切り拓く上で、もう一つ欠かせないものがある。それは、根気よく取り組む姿勢だ。

「根気がなくなったら進歩がない……」

子ども時代、溶接工場を営む両親は一日中、何百何千と部品をつくっていた。その姿を見て、根気のいる作業を粘り強く続けることの大切さを知った。その体験は、地下鉄の仕事でも発揮される。

何度失敗しても、意志があれば道は拓ける

切符の券売機を新しいものに変え、高い評価を受けた宇田川に、ニューヨークの地下鉄から再び仕事が舞い込む。今度の依頼は車両のデザインを変えること。それも見た目

宇田川がデザインした自動券売機。アメリカでは自動販売機にお金を入れたのに動かないといったことが日常茶飯事であり、自動販売機に対する信用が薄い。その点を考慮し、お金を支払うのは一番最後にした。また、画面には「どの言語を使いますか」などの質問が表示され、一つの画面に表示される質問は一つまで。従来の駅員と利用者の対話を再現する工夫を取り入れた。

を変えるだけでなく、デザインの力で地下鉄内の犯罪を減らすことが期待された。

数々の工業製品を手掛けてきた宇田川にとっても未知の挑戦。まずは何度も何度も地下鉄に乗り、問題を考え続けた。その過程で車内の暗さに気づく。

「例えば、車内を明るくすることによって人々の不安が治まるようにする。平常心を保って乗ってもらえれば、車両をやさしく扱ってもらえるだろうと考えました」

宇田川がデザインした車両は明るく、清潔感のある空間。汚れが目立たない暗色の床は、壁の明るさを際立たせ、車内を広く感じさせる視覚効果もあった。

さらに「ブロークン・ウィンドウ理論」に基づき、ひったくりのような小さな犯罪を防ぐことで凶悪犯罪を減らそうと考えた。その具体策として考案したのが、防弾ガラスをはめた仕切り。これをドア付近の席の横につけることで、隙間から手を伸ばしてバッグなどが奪われるといった犯罪を減らすことができる。だが、このデザインは、防弾ガラスにひっ掻き傷をつけられてしまうという理由により直前で却下された。

この結果にも宇田川はめげず、仕切りに横棒を入れるというデザインを提案。しかし、「ハシゴのようなデザインなので子どもが登る危険がある」という理由でこれもまた採用されず。2度にわたる不採用。強靱な意志の持ち主とはいえ、弱気の虫が頭をもたげ

ブロークン・ウィンドウ理論
落書きやひったくりなどの軽犯罪を厳しく取り締まることで、凶悪犯罪も抑止できるとする理論。アメリカの犯罪学者ジョージ・ケリングが考案した。

てもおかしくない。それでも宇田川は努力を続けた。朝から晩まで黙々と仕事をしていた両親の姿を思い出しながら。そして、仕切りの棒を斜めにするアイデアを思いつく。これならハシゴには見えず、ひったくり犯が手を伸ばすのも躊躇させる。ついに地下鉄や警察からお墨付きをもらうことができた。その後もさまざまなディテールに対する試行錯誤を続け、着手から3年、2000年に新型車両は走り始めた。

「どうして、そんなに粘ることができるんだ?」

「自分には無理だ……。困難に直面したとき、強い意志を持ち続ける自信がない」

そんな不安や迷いを持つ人には、生まれ変わった地下鉄を目にしたときの宇田川の言葉を贈りたい。

「車両に乗ってきた人たちが車内を見回した後、自然と笑みが浮かんできて……。見ていて非常にうれしかったですね」

困難に直面したとき、強い意志を持ち続けるのはたやすいことではない。打開策があるのか? いつまで続ければいいのか? そんな気持ちは誰しも抱く。けれど、**努力の先には誰かの笑顔がある。それを目にしたとき疲労感は消え、充実感と新たな希望を手にすることができるだろう。**

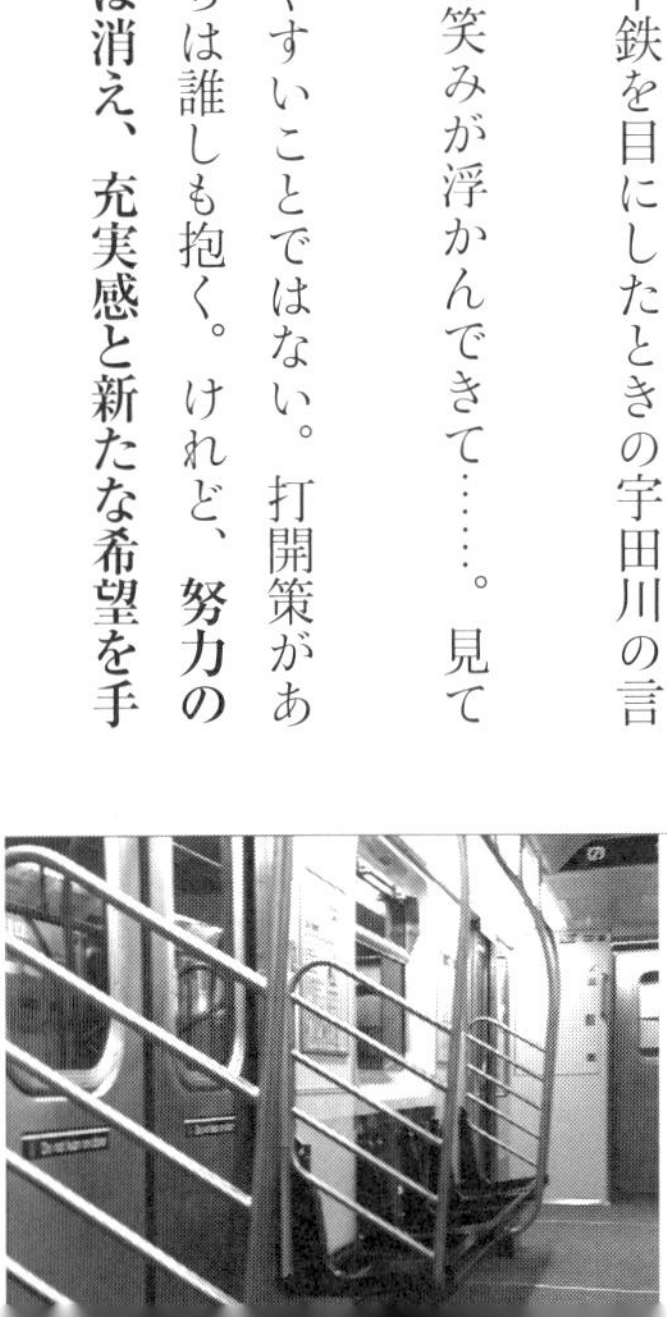

宇田川が試行錯誤の末に考え出した仕切りのデザイン。防犯用の仕切り棒を斜めにすることで、子どもが登って遊ぶという懸念を解消した。

チーフプロデューサー　黒岩亜純の「眼」

「イチロー!?」

顔の表情のつくり方や、言葉を一つひとつ選びながら朴訥と語る、あの口調……。宇田川さんを映像で初めて見たとき、イチローに見紛うほどだった。だが、似ているのは、それだけではない。宇田川さんと直接話してみると、新たな発見があった。

本家本元のイチローが、あれだけ人気を呼ぶのは、卓越した身体能力から生み出される超人的なプレー。大柄な大リーガーと比べてもひけをとらないスケールで、華やかなパフォーマンスを繰り広げる。一方、普段の練習では基本動作を繰り返し、技術を磨き上げる。

ニューヨークで注目される工業デザイナー・宇田川さんも、その活躍の陰には地道な反復作業があった。彼の場合は〝聞き込み〟だ。発注者の声だけに耳を傾けるのではなく、車両をつくる工場や、整備の現場、駅構内、ありとあらゆる現場に通いつめ、さまざまな立場の人から意見を吸い上げる。それを繰り返し、繰り返し行う。すると、ときには発注者である地下鉄当局の意向から逸れてしまうことも。しかし、公共の乗り物や設備は、10年後に利用する人のことまで考えなければならない。そのためのベストなデザインは「これだ！」と、力強く提案していく。これこそ、人々を魅了してやまない〝ナイスプレー！〟だ。

その宇田川さんは今、逆境に立たされている。ニューヨークの地下鉄の利用者が年々増えるなかで、新たなデザインを求められた。そこで宇田川さんは、東京・山手線を走っていた一部の車両のように、混雑する通勤時間帯に折り畳むことができる座席を考案した。

しかし、人が座れなくなる時間帯ができることに利用者からは不満の声が出た。それでも、宇田川さんはあきらめない。きっと今も、現場で聞き込みをするために、あらゆる場所に足を運んでいるはずだ。ニューヨーカーが納得のいく究極のデザインを生み出すまで、基本に忠実な反復作業を続けていくに違いない。

Episode 04

挫折が夢を大きくする

——ポキッ！　自分の努力が周りから認められなかったとき、
木の枝や骨が折れるかのように人の心も折れてしまう。
けれど、枝はいずれ生え替わり、骨はくっついて以前よりも強くなる。
人の心もきっと同じだ。
何度も挑戦することで夢はさらに膨らむ。

甘くて太りにくい“夢の糖”を生産へ

香川大学　特任教授
何森《いずもり》　健《けん》さん

香川大学農学部を卒業後、大阪府立大学大学院に進学。大学院修了後に香川大学に戻り、微生物や希少糖の研究に従事。1992年に希少糖の大量生産につながる酵素を発見し、50種類以上に及ぶ希少糖を含む単糖の分子構造と生成酵素の関係性を体系化した「イズモリング」を完成。希少糖生産技術研究所の代表取締役も務める。

挫折を人生の糧にできる人が成功を手にする可能性がある

挫折のない人生などない。一見、華やかな人生を送っているように見える人も、その多くが挫折や失敗を経験している。逆に言えば、それらを乗り越えたからこそ、その後の成功をつかむことができたのだ。あなたは高い壁に直面したとき、前進することをあきらめ、別の道を選ぶだろうか。それとも、壁を乗り越えられるまで何度も挑み続けるだろうか。もし後者を選んだ場合、幾度も挫折を味わうことになるかもしれない。**しかし、その壁を乗り越えたとき、人生の可能性は大きく広がる。**

香川大学の何森健も常に前だけを見据えて、ポジティブな気持ちで挑戦を繰り返した。何森が情熱を注ぐのは、「希少糖」という糖の研究。近年、食品メーカーはこぞって希少糖入りの商品を開発し、デパートやコンビニにもそれらの商品が並ぶようになっている。希少糖を製品化した第一段階のものである。現在、約50種以上存在する希少糖の一つ、希少糖D-プシコースは糖としての甘さがありながら、カロリーは砂糖の約10分の1で、肥満の原因となる脂肪の蓄積も抑える効果がある。つまり、この希少糖D-プシコースを使えば「食べても太りにくいケーキ」のようなデザートをつくることも可能。

希少糖
自然界でわずかな量しか存在しない糖。生物がつくる糖の中では0.1%にも満たない。かつて希少糖D-プシコースは1g（およそ小さじ1杯分）の値段が4万円もした。

さらに甘いものを食べながら肥満や糖尿病を予防できるのだ。

希少糖の持つ可能性は食品だけにとどまらない。希少糖D-アロースを肝臓がんの細胞に加えたところ、増殖がおよそ半分になったという研究結果もあり、がんの予防薬につながるという研究も進められている。こうした可能性が明らかになるにつれ、希少糖は〝夢の糖〟と呼ばれ、世間から注目されるようになった。しかし、その名が示す通り、自然界にはほんのわずかしか存在しない。それを40年近く研究し続け、世界初となる希少糖D-プシコースの大量生産の独自技術を確立した研究者こそ何森だ。何度も困難に直面しながらも、希少糖の研究に人生をささげてきた。

できるかどうかわからない、だからこそ夢がある

何森は30代の頃、香川大学で微生物を研究しながら自身の道を模索していた。

「地方大学が、中央の研究機関と同じことをやっていても勝てない。誰もやっていないことをやらなければだめだ」

そこで選んだ研究テーマが、希少糖。当時の学界では、希少糖は自然界にわずかしか

肝臓がん
人体の中で最大の臓器・肝臓ががんにおかされる病気。主な原因は脂肪やアルコールの過剰摂取、B型・C型肝炎ウイルスの感染など。日本では1975年頃から患者が急増し、毎年3万人以上が亡くなっている。

香川県三木町にある希少糖研究研修センター。何森は地元の人たちとともに希少糖の研究に取り組んでいる。

存在していないことから、生物が進化の過程で不要と判断した「役立たず」と考えられ、その存在に注目する研究者は少なかった。だが何森は、その常識に疑問を抱く。

「生物の世界では、微量であってもそこに物質が存在する以上、何らかの意味があります。だから、希少糖にも必ず役割があるはずだと思ったのです」

日の目を見るかどうかまったくわからない研究。それに没頭して8年が経った頃、何森は微生物の力を使い、数mgの希少糖をつくり出すことに成功した。早速論文を執筆し、アメリカの学会誌に投稿。1か月後に返事が届いた。胸を高鳴らせながら手紙を開くと……、「掲載拒否」の文字が目に飛び込んできた。

「何のために希少糖をつくる研究をしているのか理解できない」

掲載拒否の理由がそう書かれていた。

「すごくショックでした。確かに当時は明確な用途が見えていたわけではないので、反論することもできませんでした」

しかし何森の心は折れなかった。希少糖の持つ可能性を信じ、再び研究に没頭する。

「希少糖は何に利用できるかまだわからない。だからこそロマンがあり、夢があります。私にはその夢を追い続ける以外に道はありませんでした」

微生物
顕微鏡などでしか観察できない微少な生物。糖の生成に役立つほか、酒の醸造、洗剤や新薬の開発など幅広い分野で応用されている。

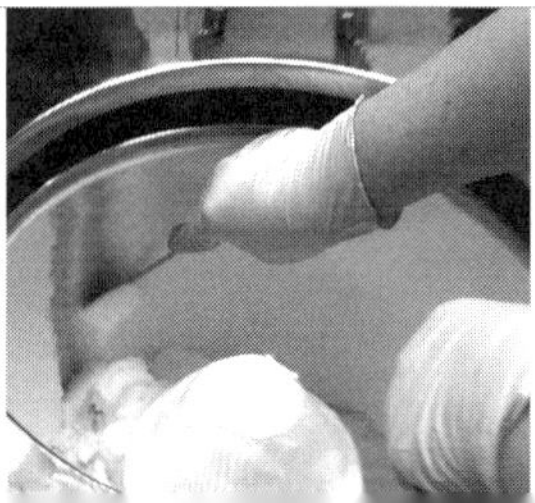

希少糖研究研修センターでつくられている希少糖D－プシコース。すでにさまざまな食品に活用されている。

具体的な打開策が見出せない状況に置かれながらも、自らが描いた夢をさらにふくらませ、楽観的な気持ちで努力を積み重ねる。その姿勢が少しずつ状況を変えていく。

挫折を味わい、あきらめた時点で夢は幻となる

２０００年代に入ると、何森に追い風が吹き始めた。

フィンランドの研究者マッティ・レイソーラが、希少糖である「キシリトール」を白樺の木からつくり出して大量生産に成功。虫歯予防の効果から、ガムや歯磨き粉に用いられて世界中にブームを巻き起こし、希少糖への注目度が高まる。

そんな追い風を象徴するように、何森のもとに一つの奇跡が起こる。

バイオテクノロジーにより希少糖を大量生産するという何森の研究に欠かせない存在が酵素である。何森はそれまで7年以上をかけ、全国５０００か所以上の土を採取し、自らの夢を実現するためのパートナーとなる酵素を生産する微生物を探し求めてきた。

何森は、香川大学農学部の学食裏の土も集めていた。ある日、何の気なしに一本の木の根元から採取した土の中にいる微生物を調べてみた。すると信じられないことに、そ

キシリトール
カバノキなどのD-キシロースからつくられる糖アルコールの一種。天然の代用甘味料として世界中で活用されている。抗《こう》齲《う》蝕《しょく》効果があり、ガムをはじめ多くの商品に活用されている。

何森が希少糖の開発に使うための酵素を探すため、全国５０００か所以上から採取した土。

の微生物は果物に豊富に含まれる果糖を希少糖D‐プシコースに変える酵素を持っていた。幸運の女神は、すぐそばの足元で微笑んでいたのだ。挫折を味わってもあきらめず、夢を持ち続けたからこそ幸運が舞い降りた。思いがけない微生物からのプレゼントであった。

この幸運をしっかりつかみ、希少糖を大量に生産する技術を確立した何森のもとには、世界中から「研究用の希少糖をつくってほしい」と依頼が届くようになった。そして現在、何森は、希少糖をさらに安価に大量生産するという新たな夢に向かって、仲間とともに歩み始めている。

「失敗の数、挫折の数が、私の夢を大きく育んでくれました。夢があるからこそ挫折があり、それを克服すれば夢に一歩、近づきます。そうして夢を追う過程で、また新たな夢も生まれてきます。これからもずっと、夢を追い続けていきたいです」

思うような成果が出ない、周りから評価されない。そんな体験を、夢をあきらめるための口実とするのか。それとも夢に近づくための一歩と捉えるのか。その判断は人それぞれだろう。しかしあきらめた時点で、その夢は幻になる。挫折を味わおうとも、その挫折を楽しむ心のゆとりが、夢につながる可能性を秘めている。

果糖を希少糖D‐プシコースに変える力を持つ微生物を見つけた、香川大学農学部の学食の裏庭。何森の研究室のすぐそばにチャンスは眠っていた。

チーフプロデューサー 黒岩亜純の「眼」

何森さんは、フランスの画家ミレーの作品「落穂拾い」がお気に入りだという。3人の貧しい農民が前かがみになり、畑に残った麦の落穂を拾っている姿を描いた、あの名画だ。見方によっては薄暗く、悲哀を感じさせるが、何森さんには明るく見えるらしい。

この絵画が、何森さんの心を捉えてやまないのは「貧しさの中でもたくましく、落穂をゆっくり拾っている姿に感銘を受ける」からだ。この農民たちのように何森さんもひたむきに、地道に「落穂拾い」をしてきた。その研究生活を「99％は挫折だった」と語るが、悲嘆に暮れず、探し求め続けていたら、「宝」はなんと大学の裏庭で見つかった。

「誰でも1回や2回はプレゼントをもらえる。その際、『もらえないかも……』と悲観的に待つのではなく、『いつか必ずもらえるんだ』と前向きに構えていないと、プレゼントを手にすることはできないんです」

見方一つを変えれば、天からの贈り物は手が届くものとなる。お金にまつわる問題もそうだ。研究費が少ないからといってマイナス思考に陥ったのでは、研究活動はうまくいかない。何森さんは「お金が少ないからこそ、逆境があるからこそ、可能になるものがある」と語り、お遍路さんを例に挙げる。

「お金があるからといってお寺をタクシーで巡って、夜はホテルに泊まり、おいしいものを食べていたら、本当に満足できるでしょうか。お金がなくても、何日もかけて歩いてお寺巡りをしている方が、精神的な充足感は得られると思います」

この究極のオプティミズム（楽観主義）精神こそが何森さんの研究を支えてきたといっても過言ではなかろう。この敬服すべき人生哲学に触れた後、あらためて「落穂拾い」を眺めてみた。すると以前、美術館で鑑賞したときの印象よりも、はるかに明るいではないか。まさに自分の気持ち次第で心の中に光が照らされる。すでに何森さんの世界にドップリと浸っていた。

ドリームメーカーたちの活躍を動画で確認！

TBSのホームページでは、
過去に放送した番組のダイジェストを
ご紹介しています。

Episode 01

㈱能作　社長
能作 克治さん
（2011年4月10日放送）

Episode 02

佐賀大学　教授
池上 康之さん
（2013年7月7日放送）

Episode 03

アンテナ・デザイン
工業デザイナー
宇田川 信学さん
（2013年5月5日放送）

Episode 04

香川大学　特任教授
何森　健さん
（2014年6月8日放送）

※QRコードをスマートフォンやタブレットのQRコードリーダーで読み取ることで動画をご覧いただけます。パソコンでご覧いただく場合は、「夢の扉＋」公式ホームページ（http://www.tbs.co.jp/yumetobi-plus/）にアクセスしてください。
※お使いのスマートフォンやタブレットにQRコード読み取りアプリがない場合、上記QRコードから動画をご覧いただくことはできません。QRコード読み取りアプリをインストールするか、「夢の扉＋」公式ホームページにアクセスしてご覧ください。
※フィーチャーフォンには非対応です。フィーチャーフォンで上記QRコードを読み取っていただいても動画をご覧いただくことはできません。

2章

自分の実力に自信が持てない

自分の力量を見極めることは大切だ。
でも、それが行き過ぎると自信はおろか、
挑戦する意欲さえも失われていく。
ときには周りの評価など忘れて、まずはトライしてはどうだろうか。
多くのドリームメーカーがそうしてきたように。
挑戦することでしか得られない体験があり、
それがあなたを一回り大きくしてくれる。

Episode 05

弱みを強みに変える

強みに変える

自分の長所や強みを何とか見つけようとしても、
思いつくのはだめなところばかり。
口べた、優柔不断、おっちょこちょい、
ネガティブ、本番に弱い……。
でも、それは本当にあなたが輝けない理由なのだろうか？

木製ガードレールで林業を再生！

宮崎県木材利用技術センター　所長
飯村《いいむら》　豊《ゆたか》さん

国産スギ材の研究開発に力を入れ、スギの弱みと強みを徹底的に調査。その成果を活かし、スギ材を使った日本最大の木造橋や、直径120m以上にも及ぶ巨大ドームをつくり上げる。さらに長年放置されて大きくなり過ぎたスギの木を活用して木製ガードレールを開発。近年はアジアへの輸出も視野に入れている。

発想の転換によりマイナス面を最大の武器に変える！

誰もが知らず知らずのうちにとらわれてしまう、常識や既成概念という「枠組み」。その枠を外して別の方向から物事を見つめたとき、新たな側面が見えてくる。今まで弱点だと思っていたことさえ、発想の転換で長所に変えることができる。

例えば日本人にとって馴染み深い木材スギは、建築資材として「柔らかくて折れやすい」ことが最大の弱みだった。しかし、長年の研究の末、柔らかいからこそ「しなやかで復元力に優れ、変形が容易」という強みを持つ最高の木材に生まれ変わった。研究のリーダーを務めたのは宮崎県木材利用技術センターの飯村豊である。

木材の特徴や強度を科学的に分析し、製品開発に役立ててきた飯村は、「スギではあり得ない」と言われた巨大建造物の建築にも果敢に挑戦した。

その一つが巨人軍の宮崎キャンプで使用された室内練習場「木《こ》の花《はな》ドーム」。車が通れる全長１４０ｍの「かりこぼうず大橋」も飯村が携わった建造物であり、木造橋としては世界有数の規模を誇る。どちらにも、地元・宮崎県産のスギ材がふんだんに使われている。

スギ
日本の固有種で、本州全域に広く分布する。住宅の柱材や合板、集成材として活用されてきたが、建築用材としては柔らかさが欠点だった。また、スギ花粉の飛散量が増え、花粉症の患者が増える一因にもなっている。

飯村が13年前に県から「木の花ドーム」の依頼を受けた頃は、「柔らかいスギは大きな建物に向いていない」という考え方が常識だった。飯村が「巨大なドームをスギでつくる」と言うと、誰もが驚きの声を上げた。けれど、彼の信念はぶれない。

「弱みを強みに変える。それこそが私の使命だと思ったのです」

飯村は徹底的にスギの性質を調べ上げ、柔らかさを克服する方法を模索。やがて、一定の力でプレスした場合、スギは硬い木に比べて隙間なくピタリとくっつくことが判明。潰れやすく、復元力に優れているという特性により、しっかり重ね合わせることが可能となり、頑丈な建材が誕生。まさに弱みが強みに変わった瞬間である。

「硬い木ではあり得ないことが、柔らかいスギだからこそ可能になる」

飯村は人がやらないことをやり、人が目をつけないところに目をつけた。「その弱点は克服しようがない」。そんな常識から距離を置いたことで道が拓けたのだ。

挫折を経験した後、いかに行動するか。それが斬新な発想を生む

現在、「弱み」を「強み」に変える可能性を追求し続けている飯村だが、かつては常

最長直径122mを誇る野球ドーム「木の花ドーム」。スギ特有の復元力を活かして建設された。

識にとらわれ、挑戦をあきらめたことも……。

大学を出て商社の子会社に勤めていた頃、地方の町から「地元の木を使って町のシンボルになる橋をつくってほしい」という依頼を受けた。しかし、飯村は品質が安定しているという理由で輸入材を選ぶ。橋は無事完成したものの町民は落胆の表情を見せた。それがいつまでも忘れられず、達成感を感じられなかった。やがて飯村は仕事に疑問を感じ、50歳で会社を退職する。

そして、改めて日本の山を見たとき、たくさんのスギが使われることなく放置されていることに気づいた。スギは日本中に植えられているが、近年は輸入材に押され、あまり活用されていない。そのため、スギの山林は荒れ放題。長年、欧米から輸入した安い木材を扱ってきた飯村は、責任の一端を感じずにはいられなかった。

――長い間、見捨てられてきた存在を「日本の宝」に変えたい！

国産材の普及に残りの人生を懸けるため、神奈川から宮崎へ移住。

「危機的な状況に陥っている林業を再生させ、木を育てる人と、木を使う人の架け橋になりたいと考えたのです。輸入材では後世に伝わりませんが、地域材・国産材ならば今やっていることが10年、50年、１００年継続されます」

輸入材
１９７０年代から供給量が増え、現在、日本で使われる木材の７割以上を占める。

飯村が手掛けた「かりこぼうず大橋」。地元宮崎のスギが使われている。しかし、商社マン時代に同じく橋をつくる仕事を任されたときは、地元の木材ではなく、輸入材を選んだ。

過去の後悔が、未来への使命感が、常識にとらわれず、マイナスをプラスへと変える発想の転換につながっていった。

あなたの「足かせ」が将来の「宝」になるかもしれない

弱みを強みに変えるために不可欠な発想の転換。けれど、それだけでは本当の自信や大きな成果は生まれにくい。新たに見つけた「強み」の可能性を最大限まで広げる、それこそが大きな鍵を握る。

飯村は、大規模建築に活かされたスギの強みをほかのものにも活用できないかと模索する。そして、ガードレールに狙いを定めた。国内のガードレールの総延長は約17万km。これをスギでまかなうことができれば大きな需要が生まれる。

無人の車を時速60kmで衝突させる実証実験では、スギのガードレールが衝撃を吸収し、車の進路を立て直した。その弾力性を目の当たりにした飯村は、「これなら使える！」と確信。そして、長年放置されてきたスギを木製ガードレールに活用するために動き出す。

木製ガードレールの実証実験を上から撮影した写真。スギでつくられたガードレールは、時速60kmで走る自動車の衝撃を受け止め、進路を変更させた。

写真提供
和光コンクリート工業株式会社

スギを木材として使用する場合、スギの芯を中心に1本の丸太を取るのが通常の方法。つまり、1本のスギから1本の丸太しか取れない。だが、長年放置されて太くなったスギであれば、芯を外して複数の丸太を取ることができる。強度実験では芯を外した丸太でもガードレールの安全基準を満たすことが証明された。またしても「太過ぎて商品にならない」という弱みが、「複数の丸太が取れる」という強みに変わった。

「見捨てられたまま眠っている木を切り、資源として使い、また苗木を植える。その循環こそが、山が健康になる唯一の道だと思います。資源があるのに使えないのは、情けないこと。スギの利用方法が全国に普及すれば、切っては植えて、切っては植えて……と、資源が尽きることはありません」

かつて国産材を「見捨てた」飯村は、自らの責任とやりがいを胸にスギを日本の宝に変えた。その成功の秘訣は「常識」から離れ、「日陰の存在」に新たな光を与えたこと。**自分に自信が持てないとき、他人の長所が気になるとき、周りの人とは少し違った場所から物事を見てはどうだろうか？** あなたの人生の「足かせ」となっていた弱みが、いつか「宝」に変わるかもしれない。「弱み」から目を逸らさず、「強み」と表裏一体であることを知ることによって。

大きく成長したスギの木。これまでは使い道に困ることが多かったが、飯村は発想を転換させ、1本のスギから2本の丸太を取り出す方法を考え出す。

チーフプロデューサー 黒岩亜純の「眼」

制作現場では見えているのに、カメラで撮影するとテレビ画面に現れないものがある。それは、人の目の輝き。飯村さんに初めて会ったとき、そう実感した。なぜ、これほどまでに目が輝いているのだろう?

飯村さんは、夢を見ることの大切さを訴える。それも10年以上、同じ夢を持ち続けることの大切さを。10年もすると周囲の価値観が変わり、夢に対する理解者が増えてくる。すると昨日まで夢だったものが、今日パッと花開くものになっていくというのだ。

飯村さんは話の途中、突然、「韓国から学べ」と切り出した。

一瞬、驚いた。日本にとってはライバルとも言える韓国から学べと言われても、職人気質の人はプライドが許さないこともあるだろう。

しかし、飯村さんは柔軟に考える。韓国でスギを使った美術館の建設に携わった経験などを通して、日本とは違った国民性を感じとっていたのだ。家をつくるにしても、壁や床、バスユニット……、それぞれのよいものを別々の国から取り入れている。インターナショナルな知恵をどん欲に吸収する韓国のしなやかさは、積極的に学ぶべきものとして、飯村さんのアンテナが反応したのだろう。

では、翻って日本についてはどう感じているのだろう。寒暖の差が激しく、地震が多く、台風の襲来にも見舞われる日本。しかし、これらの特徴を弱点としてあげつらうのではなく、強みに変えてしまうのが飯村流のマインドだ。厳しい自然と長年向き合ってきたからこそ日本人は柔軟性に長け、それがモノづくりにも反映できるはずと考えている。

この先も、人生を日本の林業にささげ尽くすであろう飯村さんの目には、未来をしっかりと見据える力強さが宿っていた。10年以上も夢を追い続け、夢をかなえることを信じる強さこそが、飯村さんの柔和な目の輝きだったのだろう。

Episode 06

壁を乗り越えられるだけの自信、
誰からも認められる確かな実力を備えるまで
足踏みを続けるのか？
それとも、可能性に気づいた瞬間に走り出すのか？
そこが人生のターニングポイントになる。

気づいた人こそチャレンジ！

農業に変革をもたらす女性起業家

エムスクエア・ラボ　社長

加藤《かとう》 百合子《ゆりこ》 さん

2009年にエムスクエア・ラボを設立。農業の現場にIT技術を導入し、生産者、購買者の双方に野菜の適切な情報を提供するシステム「ベジプロバイダー」を構築。生産者へ新しい野菜販売の提案、農家を対象とした講演会、ホテルやレストラン関係者との勉強会など多岐にわたる活動を展開しながら、農業の流通システムを改革している。

問題を見つけ挑戦することで得られるものがある

理不尽な制度や仕組み、無意味に思える慣習など、世の中には変えたいのに変えられないことがたくさんある。しかし、それらは本当に変えることができないのだろうか。**すべての始まりは「おかしい」と気づくこと。そして、思い切って一歩踏み出せば、大きなチャンスが待っているかもしれない。**

東京大学出身の技術者だった加藤百合子は、未知の分野である農業に転身し、すぐに変えるべき点に気づいた。それが複雑な流通システム。農家と購買者を直接つなぐ新たな流通システムをつくりたい。そして日本の農業を元気にする。それが加藤の夢だ。

「農業が格好よくて儲かる仕事になって、若者の憧れの存在になればと思っています」

加藤は東大卒業後、イギリスに留学し、NASAのプロジェクトにも参加。帰国後は結婚を機に静岡へ引っ越し、産業用機械の研究開発に打ち込む。エリート街道まっしぐらの加藤を転身させるきっかけになったのは、死をも意識した子宮外妊娠だった。

「出血多量で緊急入院し、九死に一生を得ました。それから、いつ死んでも悔いのないように、子どもたちに何か残せたらいいなと考えるようになったんです」

人が生きる上で大切なのは食べること。健康だけでなく、教育や文化にも深く関わる農業は、子どもたちのためにも、日本の未来のためにも重要な役割を担うと考えた。

その気づきを具体的な成果に結びつけるため、農業シンクタンク「エムスクエア・ラボ」を起業。農家のための情報サイトを立ち上げた。しかし、結果は大失敗。加藤の想像以上に農家はネットに関心がなく、200万円を投資してつくったサイトの取引件数は0件に終わった。この失敗から「ITはあくまで道具」ということを学んだ。

「ITを使うからと言って、人がいらないわけじゃない。ITを活用する人間がきちんと農産物を見て、農家さんと関係をつくり、購買者と関係をつくり、農家と購買者をしっかりつないでいくことが大切なんだと実感しました」

チャレンジしたからこそ、新たな「気づき」が生まれた。それが次なる挑戦へとつながっていく。加藤は失敗にもめげず、さらに先へと足を進めた。

気づいたとき、気づいた人こそ挑戦を！

まず始めたのは人と会うことから。加藤は農家の元を頻繁に訪れ、さらなる気づきを

過去の失敗から人のつながりの重要性を痛感した加藤は、農家の元に足繁く通い、信頼関係を築く。

得る。生産者と購買者を直接つなぐシステムが存在しないため、「野菜をつくったけど売れない」「ほしい野菜がお店にない」という需給のミスマッチが生まれていたのだ。

加藤は「野菜の情報不足」という問題にメスを入れるため、新しい流通システム「ベジプロバイダー」を開発。農家からJAやバイヤー、小売店を経て購買者に野菜を届けるこれまでの市場流通に対して、「ベジプロバイダー」では農家と購買者を直接結びつける。

これにより、今まで流通で消えていた利益を農家に還元することもできた。市場流通でも、ネット販売でもない、第三の流通として政府からも注目され、加藤は女性起業家大賞も受賞した。

「いくつもの段階を経る従来の流通システムでは、それに参加している人たちがハッピーになれないんじゃないかと思ったんです。いつか、ベジプロバイダーが『第三の流通』の標準語として定着すれば、もっとたくさんの人がハッピーになるはずです」

しかし、この革新的な流通システムも、サービス開始当初は理解を得られないことが多かった。収益増加になる野菜の売り方を提案しても、農家からは断われる毎日。「あまりにもうまくいかないから、私もふてくされて『農業なんてどうにでもなれ!』

JA
農業協同組合。農家や農業を営む法人によって組織された協同組合。組合員がつくった農産物の販売・流通、農薬や肥料の提供、資金の貸し付けなど、幅広い活動を展開している。

ベジプロバイダー
ITを活用し、生産者の営業代行、購買者の現場管理代行を行う新しい流通システム。生産者、購買者の双方に野菜に関する適切な情報を伝えることで、お互いの顔が見える関係を築き、直接取引を成立させる。

と思うぐらいでした。自分の思いは全く届かなかったですね」

それでも、加藤は挑み続けた。

〝気づいた人こそチャレンジ！〟

その信念に支えられていたからこそ、夢を捨てずに走り続けることができた。

「私はチャレンジすることが大好きなので、難しい問題にぶつかればぶつかるほどやる気が湧いてきます。それに、気づいた人がやらずしてどうするんですか。流通を変えれば、日本の農業はもっと強くなるんです」

生産者、購買者、その両方を笑顔にするため、農家に足繁く通い、会話を重ね、実際に野菜を食べる。そうした体験の積み重ねが、気づきの回数をさらに増やしていった。

体当たりで現状打破！　それが自信にもつながる

人は誰かとの交流を通して、多くの発見や気づきを得る。加藤も農家をはじめ、レストランのシェフや企業関係者などとの交流を通して新たな課題を見つけ、活動の幅を広げている。

農家に足を運んだ際は、自ら野菜を食べて味を確かめることも。

そして、ついには地元・静岡の農家が収穫した白たまねぎのテスト販売にもチャレンジすることに。東京のスーパーマーケットで、野菜の魅力を直接お客さんに説明した。目標は、お店に納品した白たまねぎの8割を売ること。

「すっごいおいしいですよ。私もほかのブランドと食べ比べしましたけど、これが一番おいしいと思います」

熱のこもった言葉に多くの来店者が興味を持ち、白たまねぎを手にとり、情報を吟味する。大きさ、色味、産地、そして値段。加藤が納品した白たまねぎは2玉258円と普通のたまねぎより割高だ。

それでも一人、また一人とカゴの中に入れていく。そして、目標の8割を売ることに見事成功した。

「うれしいですね。私たちが提供している情報が評価されているんだ、農業の価値を高めることにつながっているんだと実感できました」

何か問題に気づき、行動することで得られる発見は数知れない。「もっとこうしたらいいんじゃないか」「この方法は効果がある」と。それが新たなモチベーションとなる。

だからこそ勇気を持って一歩を踏み出そう。気づいたときこそ、勝負のときだ。

白たまねぎ
一般的なたまねぎと比べて平べったい形で、白い色が特徴。通常のたまねぎよりも割高な場合が多い。スライスした生食が美味。

加藤は、東京のスーパーマーケットでテスト販売に挑んだ。野菜の魅力や特徴をお客さんに説明し、見事、目標の個数を売ることができた。

チーフプロデューサー　黒岩亜純の「眼」

　加藤さんは、ケラケラと笑いながら語っていた。「農協とか全農とか、コワいおじさんたちがたくさんいるところに行ってきま～す」と。改革がなかなか進まない巨大組織の重い扉を、正面からトントンと叩いてしまう。「あっ、そこは入らない方が……」と周囲が及び腰になっても軽いフットワークで〝重鎮〟たちの隣にちょこんと座り、農家の未来について語り始めている。

　長年、農業の根幹を支えてきた巨大組織には、守り続けてきたもの、譲れないものがあるはずだ。

「でも、将来の懸念を考えると改革した方が、みんなのためになると思うんです」

　加藤さんは、目をクリクリさせながらそう訴える。そして、重いテーマを軽妙に語れてしまう話術で、次々に改革案を出していく。ここまで内部に入り込む度胸を、いかにして身につけたのか？　加藤さんの言葉を借りると〝鈍感力〟によるものだという。周りのことを気にし過ぎると何もできなくなってしまう。そこで生み出した一つの知恵、それが鈍感になることだった。

「世の中には制約が多過ぎますよね。いろいろな挑戦をしようと思っても、チャレンジさせてくれないでしょう。だから、それらをシャットアウトしなければ」

　もともとは世の中の動きに敏感で、いろいろなことが気になってしまう性格のように見える。でも、それを逆手にとり、「気づいた人こそチャレンジ！」を貫く。

　その加藤さんを突き動かしている大きな原動力は、実は母としての視点だ。

「問題が山積しているのにそれを放って、将来、娘たちから『お母さんは一体何をしていたの？』と問い詰められたくはない」

　今、一人の母親が、日本の硬直した社会構造の変革に挑もうとしている。しっかりと道筋を見据えた加藤さんの行動力は、社会を突き動かす力となるはずだ。そんなママさん旗手の奮闘に、期待を寄せたい。

Episode 07

「自分には何もない……」

自信のなさ、それはオリジナリティの欠如に
起因しているのかもしれない。

でも、あなたの人生はこの世に一つだけ。

それをありのままぶつけてみてはどうだろうか？

あなたにしか出来ない、あなたの人生が表れる仕事をして欲しい

人生が表れる

植物を活用して「万能素材」を開発！

京都大学　生存圏研究所　教授

矢《や》野《の》 浩之《ひろゆき》 さん

植物の細胞をナノレベルにまで分解して超微細な繊維「セルロース」を取り出し、新しい素材をつくる技術の開発に成功。鋼鉄の5倍以上の強度を誇り、熱にも強く、家電製品や自動車部品など、あらゆる工業製品への応用が期待される。先進的な研究に取り組む一方、若手研究者の個性や独創性を重視し、自由に研究を行える環境を整える。

自分の人生を見つめ直すことで解決の糸口が見つかる

今、京都大学である素材が開発されている。それは鋼鉄の5倍以上の強度を誇り、熱にも強い。その一方でプラスチックのように軽く、透明にもなる。

しかも驚くべきことに、その原料は植物なのだ。つまり、国土の約7割を森林が占める日本で大量に生産することができる。この夢のような新素材を開発したのが、京都大学の矢野浩之だ。開発の鍵を握るのは、植物を構成する超微細な繊維「セルロース」である。矢野は細胞をナノレベルまで分解し、植物から取り出し、全く新しい素材をつくる技術開発に成功した。

「植物の力を使って、世界に資源革命を起こしたい」

そんな夢を描く矢野は、植物や木をこよなく愛す。植物由来の素材開発は、矢野の人生を表す仕事と言える。

だが、そんな風に充実した毎日を過ごしている人ばかりではないだろう。同じような毎日、平凡な仕事を任され、自分の生き方に自信が持てない人も多いのではないか。

「自分がやっている仕事は、きっと誰がやっても同じ」

セルロース
植物細胞を覆う皮膜「細胞壁」を構成する物質。自然界で産出される有機物の中でも最も大量に存在する。

Episode 07

「やる気は出ないし、自信なんて持てっこない」

そんな思いを抱いている人たちに、ある言葉を贈りたい。矢野が同じ研究室で働く若手研究者に伝えているメッセージだ。

「あなたにしか出来ない、あなたの人生が表れる仕事をして欲しい」

「本当にこれでいいのか？」。自分の心に問いかける

矢野は幼い頃からたくさんの木々に囲まれて育った。そんな彼が「もっと木のことを知りたい」と思うのは、とても自然なことだった。

研究の道に進んだ矢野は28歳の頃、植物への探究心を活かして、よい音が出るバイオリンをつくることに取り組む。

「音の反響がよくない要因の一つはセルロースの繊維がそろっていないことにあるはずだ」

そう考えた矢野は、セルロースの繊維を薬剤でつなぎ合わせる技術を開発。その技術は大きな反響を呼び、普通の木から名器をつくることができると高い評価を受けた。

しかし、周りの評価とは逆に矢野の心は晴れなかった。

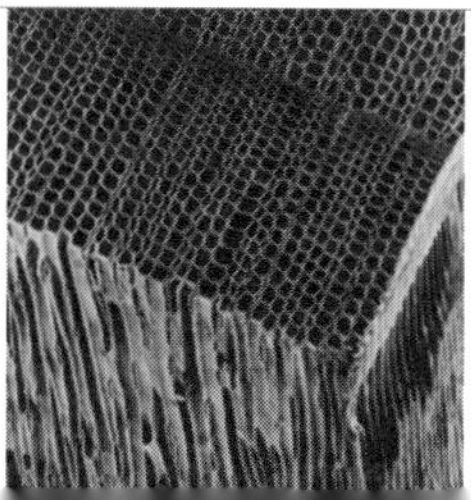

木材の拡大断面図。管のように見えるのは植物細胞。この一つひとつの壁(細胞壁)の中にセルロースが存在する。セルロースのほかにも、さまざまな物質が細胞壁をつくっている。

「この木は楽器になるために存在しているわけじゃない。そんな研究を続けていいのか」

彼特有の感性で、木が抱く思いに心を寄せていたからこそ、そんな迷いが生まれた。

そして、「木の研究に関して一から見直したい」と決心。新たなテーマを探しながら悶々とした日々を過ごす。そんなある日、台風が近づくなか激しい風雨にさらされても立ち続ける大木の姿を見て、矢野はあることに気づいた。

「木はもっと強くなりたいと思っているのではないか？　ならば、木が持つ本来の力を活かして新しい素材を開発しよう」

矢野は新たな研究テーマを見つけた。それは、自分の人生が表れる仕事をするための第一歩だった。

自分にしかできないことを形にしよう

木が持つ本来の力を活かし、まだこの世にない新しい素材を生み出す。新たな目標を掲げ、日夜研究に励んだ。矢野が激しい風雨のなかで見た〝木の強さ〟の源は、その骨格に当たるセルロースであり、その力を活かすためには、セルロースの周りにある物質

セルロースナノファイバー

植物の細胞壁をナノレベルにまでほぐして取り出したもので、全植物の基本骨格物質。鋼鉄の5分の1の軽さでありながら、鋼鉄の5倍以上の強度を誇る。

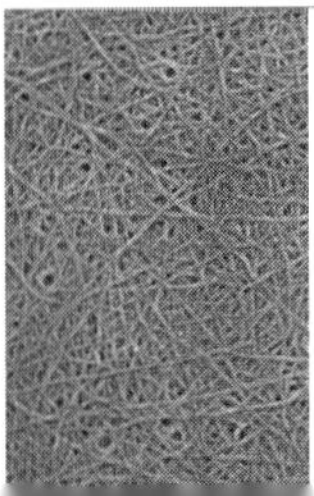

セルロースナノファイバーの写真。サイズは、およそ10ナノメートル（10万分の1㎜）。矢野はこれを隙間なく並べて圧縮することにより、鋼鉄よりも強い植物素材を生み出した。

をどう取り除き、ナノレベルにまでほぐし、成形するかが鍵を握る。しかし、その方法がわからず、試行錯誤の毎日。新たな技術開発に成功し、セルロースをナノレベルまでにほどいた「セルロースナノファイバー」を使った材料ができるまでに4年もの月日を費やした。鋼鉄よりも強い最強の植物素材はこうして誕生したのである。

「セルロースナノファイバーの材料のうち、99・9%が植物の力によってできています。残りの0・1%を人間の知恵によって加え、材料としての形に整える。セルロースナノファイバーとは、そういう新たな素材なのです」

研究意義について語る矢野の表情には充実感がにじむ。若き日に抱いた迷いと真正面から向き合い、自分にしかできない仕事で一定の成果を出せたからであろう。

その後、矢野の開発したセルロースナノファイバーは政府や産業界から大きな注目を集める。

京都大学と民間企業が共同で進める「新素材の開発プロジェクト」では、日本を代表する多くの企業が、家電製品や乗り物の素材にもなり得る可能性を秘めた不思議な素材に引きつけられた。その中の1社から予想外の注文が出る。

「もしかしたら、透明な繊維補強材になるのではないか」

セルロースナノファイバーを使った新素材。強固で軽く、熱にも強い。乗り物や電化製品など、さまざまな製品への応用が期待されている。

それをきっかけにして、矢野は新素材を透明にするという新たな研究テーマを得た。それが実現すれば、ガラスに代わる新たな素材になる。それまで一人で研究を進めてきた矢野が初めて仲間を募ったところ、自分より一回りも若い研究者たちが集まった。そんな彼らに贈った言葉こそ、「あなたにしか出来ない、あなたの人生が表れる仕事をして欲しい」というメッセージ。さらに矢野はこう続けた。

「あなたでなければ出来ない、そういう研究はきっと感動を呼ぶ。あなたじゃなくても誰かが出来そうな研究をした場合、感心はするかもしれないが、感動はしない」

自分が木に対する独特の思いを追求したように、若手研究者にも自分にしかできない仕事へのこだわりを持つことを説いた。その言葉に刺激を受けたある研究者は、努力の末、セルロースナノファイバーのシートを透明にするための樹脂を見つけ出した。

また別の研究者は水に強く、変形しづらい特性を持たせた。彼らは自分の人生の中で譲ることのできない何かを見つけたのではないだろうか。だからこそ、大きな成果を手にすることができた。

あなたにもきっとできるはずだ。これまで歩んできた人生は、ほかの誰でもない、あなたしか経験したことのないものなのだから。

繊維補強材
耐震補強などに使用する連続繊維シート。耐震補強の連続繊維補強工法などで使われる。セルロースナノファイバーが繊維補強材として使用されるメリットとして、鋼鉄の5倍以上の強さがある点、熱による変形が小さい点、植物由来による持続型資源、環境負荷を減らすなどの点が挙げられる。

チーフプロデューサー 黒岩亜純の「眼」

本書の制作にあたり、私は出演者24名分のコラムを書くことになった。

しかし、全員分スラスラと書けるわけではなく、当然行き詰まる。そんな私に矢野さんは貴重なアドバイスをくれた。

「私は研究に行き詰まったとき、ひたすら考え続けます」

えっ？　ひたすら考え続ける……と言われても、それだけ？　矢野さんはさらに話を続ける。

「ずっと考え続けていれば、何かの拍子に、〝パチッ〟とつながるんです。同じものでも、もう一度見直してみると、何か違うことを感じる場合があるんですよ」

……なるほど。

しかし、研究熱心な矢野さんと違い、私は一つのことをずっと考え続けようとしても、なかなか集中力がもたない。ついつい、ほかのことに手を出してしまうことも。そんな精神力にムラがある人間は、どうすればいいのだろうか。


「道を歩いているとき、道端にイチゴがあったら、ついつい魅かれて採っちゃうかもしれません。でも、それではだめなんです。なぜなら、それに目を奪われて寄り道をしていると、目的地に到達できずに日が暮れてしまいます。もっと先にイチゴが採り放題の畑が待っているかもしれないのに。追い求めている道があるなら、脇目も振らず、真っすぐに歩き続けることです」

確かに、これまでの自分の体験でも、目的の情報にたどり着く前に何の収穫もなく時間切れになってしまうケースがあった。大いに反省！

「悩んだときは、とことん考えることです。考え続けることを絶対にあきらめてはいけません。それが私のやり方です」

そのアドバイスのおかげで、道端のイチゴを拾わず、とことん考えることができた。そして、あやふやだった原稿のイメージが〝パチッ〟と決まった。まさに矢野さんの言葉が救いの一手となった。

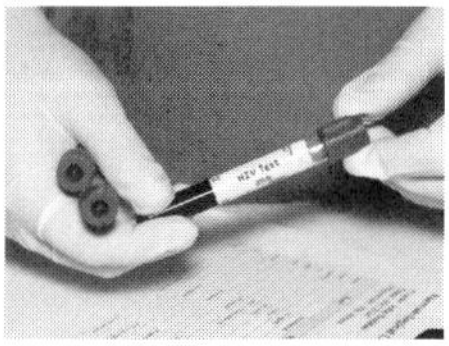

Episode 08

人と違っていることを恐れるな

恐れるな

会社、学校、友人関係。そのいずれの場にも「物差し」が存在する。
もし自分の「物差し」が周りと異なっていたら……。
けれど、どんな「物差し」も絶対じゃない。
ほかの人の価値観ではかれないところにこそ、
あなたの魅力がある。

睡眠障害に悩む
世界中の人たちを救う

テキサス大学　筑波大学　教授

柳沢《やなぎさわ》 正史《まさし》 さん

1987年に血管を収縮させる物質「エンドセリン」を発見。1991年にノーベル生理学・医学賞受賞者のジョーゼフ・ゴールドスタイン、マイケル・ブラウンの両名から誘いを受け、テキサス大学へ。2012年に筑波大学国際統合睡眠医科学研究機構長に就任し、睡眠障害を解決するための研究をリードする。

周りの意見に流されず、自分らしく生きるには？

空気を読む。そんな言葉が日常的に使われていることからもわかる通り、日本社会では周りの人と足並みを揃えることが尊ばれ、異分子は排除される傾向がある。会社や学校でも変わったことをすれば周囲の反感を買い、批判の矢面に立たされることも。**しかし、それを恐れるあまり必要以上に自分の意見を周囲に合わせていないだろうか。**頭に浮かんだアイデアを口に出さなかったり、自分が本当は望んでいない道を選んだりしていないか。それではあなたの個性が埋没してしまう。

「でも、自信がないから、どうしても周りの目を気にしてしまう……」

「個性を大切にして自分らしく生きるためにはどうすればいいのか……」

その答えをある研究者が教えてくれる。睡眠研究の世界的権威である医学博士、柳沢正史。多くの人が毎日取る睡眠には、実は未知の部分が多い。「人はなぜ眠るのか?」「そもそも『眠気』の実体とは?」。そんな単純な問いにすら、まだ誰も答えることができないため、現代科学の謎の一つとも言われる。柳沢は、そんな難解な謎解きに挑む。

「世界中の人々に安らかな眠りを届けたい」

睡眠障害
睡眠に何らかの問題がある状態を指す。代表的な症状が不眠症だが、昼間に強い眠気に襲われる、睡眠のリズムが乱れるなど、さまざまなケースが見られる。睡眠障害が長期間続くと、生活習慣病やうつ病などにかかりやすくなる。

目標をかなえるために新たな研究アプローチを考え、実行していく。その姿には周りの空気を読み、本意ではない選択肢を選ぶ様子など微塵も感じられない。

現在、睡眠に関する悩みを持つ日本人は5人に1人とも言われ、どうやって快眠を得るかは国民の大きな関心事になっている。また、睡眠障害に悩む人は世界中に存在する。いくつかある睡眠障害の中でも特に衝撃的な症状を見せるのが、ナルコレプシーという病気だ。患者数は世界に約350万人、日本にも約20万人の潜在患者がいる。ナルコレプシーの患者は、日常のあらゆるタイミングで瞬間的に眠ってしまう。今まで軽快に会話を交わしていたと思ったら、突然、糸が切れたように崩れ落ちていびきをかき始める……。その症状がいつ現れるかはまったくわからず、運転中でも、交差点を歩いているときでも睡魔からは逃れられない。そんな難病に正面から立ち向かっているのが柳沢だ。

とはいえ、最初から睡眠研究の道を歩んでいたわけではなかった。

人と違うことを恐れないからこそ、画期的なアイデアがひらめく

柳沢は小さい頃から科学番組が大好きだったが、小学校では授業をまるで聞かない子

ナルコレプシー
場所や状況を選ばず強い眠気の発作や脱力発作が起きる睡眠障害。病気の存在は120年前から知られていたが、そのメカニズムの解明は柳沢らによる発見を待たねばならなかった。ナルコレプシー患者は、昼間は覚醒状態を正しく維持することができない。反対に、夜間は連続した睡眠を維持することができず、ノンレム睡眠とレム睡眠の周期も非常に不規則になる。

どもだった。

「一言で言うと問題児。とにかく黙っておとなしく座っていることができない子でしたね」

そんな彼を叱らず、独自の課題を与えつつ自由に勉強させてくれた担任の先生がいた。その先生との出会いをきっかけに柳沢の学力はさらに向上。そして、そのときの体験が彼に座右の銘をもたらした。

「人と違っていることを恐れるな」

このときから、柳沢の目には人とは違う風景がはっきりと映るようになった。

大学院2年のとき、高血圧の原因物質を発見。その2年後、柳沢のもとにアメリカから一通の手紙が届いた。差出人は、テキサス大学に籍を置くノーベル賞受賞者だった。「僕らの大学で一緒に働かないか」。その誘いを受けた柳沢は渡米し、テキサス大学で体内を巡る物質の研究を続けた。

そして7年後、柳沢は世界を驚かせる研究成果を上げる。今まで誰も存在を知らなかった脳内物質を発見したのだ。その名はオレキシン。発見当初、オレキシンは食欲を調節する物質であると考えられており、それを示す動物実験のデータも出ていた。周囲の関係者が「これで肥満の治療薬がつくれるかもしれない」と色めき立つなか、柳沢だけ

テキサス大学
アメリカ・テキサス州に本部を置く州立大学。ノーベル賞受賞者を数多く輩出し、卒業生の中にはピューリッツァー賞やアメリカ国家科学賞、アメリカ国家技術賞などの受賞者もいる。

柳沢が仲間とともに調べ、その正体を明らかにしつつある脳内物資オレキシン。その構造を表した模型。

は違うことを考えていた。周りの雰囲気に流されず、思考を巡らせながら……。それがあるひらめきを生む。

「オレキシンは、脳の中でも根源的な欲求を司る部分から分泌されている。ならば、ほかにも重要な役割をしているのでは」

柳沢は自分のひらめきを信じ、ほかの研究者とは異なるアプローチを始めた。

「自分らしくありたい」。その気持ちに素直になろう

柳沢は夜行性のマウスの行動を夜間に暗視カメラで撮影し続けた。単純な発想だが、当時は誰もやらない実験だった。

これを続けていると、オレキシンが欠乏したマウスは突然動きを止め、しばらくするとまた動き出すという奇妙な行動が観察された。ただ、それが何を示すのか、最初は皆目見当がつかなかった。

一緒に実験と観察を続ける研究員の間にも、疲労感が漂ってきていた。それでも柳沢はあきらめない。マウスの行動を記録したテープを1000時間以上も見返し、考え続

柳沢はナルコレプシーをはじめとした睡眠障害に悩む人たちを研究施設に呼び、研究成果を見せている。

けた。

　そして、再びひらめきが訪れる。

「もしかして、マウスは眠っているのではないか?」

　その発想は正しかった。オレキシンは食欲を調節するだけではなく、睡眠を司る物質でもあったのだ。この発見により、それまで停滞していた睡眠研究に革命が起きた。柳沢は自らその旗手となるべく睡眠研究の道に進み、ナルコレプシーをはじめとした睡眠障害の治療薬を開発しようとしている。

「今でも〝人と違っていることを恐れるな〟という気持ちは持ち続けています。人と違うことをやって、おもしろいことにたどり着く。これからもそうありたいです」

　ときに人とは違う道を進むことで大きな成果を得られる。あなた自身が充実した人生を過ごせるだけでなく、周りの人を幸せにする可能性も秘めている。

　人と違う生き方をするには勇気がいるだろう。それを認めてもらうための努力も必要かもしれない。でも、その先にはきっと笑顔になった自分がいるはずだ。だから、心の奥底から聞こえてくる「こうありたい!」という自分の声に耳を傾けてみてはどうだろうか。

オレキシンに似た性質を持つ合成物質。オレキシンと同じ働きを持つ物質をつくることができれば、脳内のオレキシン不足を解消できる可能性がある。

【チーフプロデューサー　黒岩亜純の「眼」】

「天才は1％のひらめきと99％の努力」

あのエジソンが残した名言にひっかけて、アメリカの大学の同僚から「彼は10％のひらめきと90％の努力」と言わしめたのが柳沢さん。そんな人物に問題をどう解決するのかを問うと、こんな答えが返ってきた。

「よい問いを生み出すこと。実はそれが問題を解くよりも難しいんです。鋭い問いかけがあってこそ、誰も思いつかない新しい発想が出てきます」

この話を聞いたとき、大学教授だった私の祖父がこぼした、ある失敗談を思い出した。祖父は入試問題の作成に関わっていた際、なんと解けない問題をつくり、そのまま入試に使われてしまった。大学教授にとっても問題をつくることは至難の作業なんだと痛感した。

実は柳沢さんのひらめきの根源である「問いかけ」は娘さんたちが暮らすアメリカの教育にも見られる。

「幼稚園や小学校で自分が興味を覚えたものを持っていき、それをクラスの前でプレゼンする〝Show & Tell〟（見せて、伝える）という授業があります。自分が見せたいものをみんなに興味を持ってもらうように説明しなければならない。その方法を自らに繰り返し問いかけることこそが、実社会に出たときにも役立つんです」

一方、日本の教育方法については苦言を呈する。

「時間内に答えを解く力は鍛えられるでしょう。でも、『なぜ？』と疑問を持ち、そこから深く考え、新しいものを生み出す部分が弱いんです。この課題を解決するために、例えば入試問題では『答えを書きなさい』ではなく、『問いをつくりなさい』というようにしてみるのもいいかもしれません」

一直線に答えを探し出すのではなく、「ちょっと待てよ」とブレーキをかけ、自分に問いかける。「天才」柳沢さんの、たゆまぬ好奇心と、研ぎ澄まされたひらめきは、そんな「どうして？」という問いから生まれ続けているのだ。

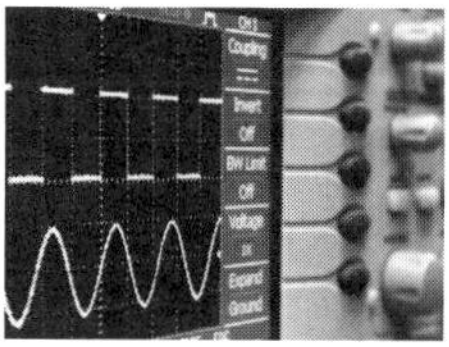

Episode 09

〝出来たらいいな〟を〝出来る〟に変える

「こうだったらいいのに……」

「あんなことができたらなぁ……」

淡い期待は心の奥底から絶え間なく生まれる。

それなのに自分の考えに自信が持てず、行動につながらない。

解決の糸口はどこにあるのだろうか。

「人工光合成」で 地球と人類を救う

パナソニック先端研究本部　工学博士

山田《やまだ》 由佳《ゆか》 さん

地球温暖化の元凶と言われてきた二酸化炭素をエネルギーに変える研究に取り組む。2012年には世界最高レベルのエネルギー変換効率を実現させる。さらに太陽光を使って二酸化炭素からメタンガスをつくり出す実験にも成功。年間10万tの二酸化炭素を吸収して6000ℓのエタノールを生産する設備の実現を目指す。

目標をかなえるためにさまざまな道を模索しよう

あなたが頭の中で思い描く夢や理想。それは、見上げるような高い山に例えられるかもしれない。その頂にたどり着くためには、これまで自分が切り拓いてきたルートを進むだけではうまくいかない場合がある。

ならば、今までとは違う手段やアプローチをとらなくては。だが、それに本気で取り組み、結果を出すのは生やさしいことではない。

「これまで自分が積み上げたものがあるのに、まったく違う方法を取るなんて……」

新たな可能性に確信を持てない人もいるだろう。**だが、同じ方法で違う結果を出すのは至難の業。発想を転換し、別の方法を模索することで道は拓ける。**

現在、地球上に増え続ける二酸化炭素を減らしながら新しいエネルギーもつくるという夢のような技術「人工光合成」の研究が進んでいる。パナソニック先端研究本部の山田由佳は、この人工光合成研究に取り組み、実用化への大きな一歩を踏み出した。

「人工光合成」には、日本のみならず、世界中の研究者が注目している。従来の研究は、光合成という植物の複雑なメカニズムをいかに解明して人工的に再現するかという発想

人工光合成
光合成とは、太陽光を植物が受けることによって、空気中の二酸化炭素と、植物が根から吸い上げた水が反応する現象。これにより、植物の栄養分となるデンプンや酸素がつくられる。これを人の手によって行うのが人工光合成。山田たちの研究では、栄養分の代わりにエネルギーとなり得る有機物を生み出すことを目指している。

が土台にあった。しかし、植物の光合成のレベルにはなかなか達していなかった。そこで山田は考え方を変えてみる。

「植物を真似るのではなく、まったく違うやり方で光合成と同じような化学反応を起こすことはできないだろうか」

山田が率いる研究グループは、すでに国内の大学などで研究の進んでいる金属に、新たな光触媒を組み合わせることで水に溶かした二酸化炭素を反応させることを目指した。

常識破りのアイデアにも耳を傾けて果敢にトライする

だが、この方法はなかなかうまくいかなかった。太陽光を受けて、たくさんの酸素と電子を効率的に生み出す理想的な光触媒が見つからないのだ。研究チームの全員があらゆる手を尽くしても打開策は見つからず、あきらめムードが漂った。そんなときにひらめいたのがLED照明に使われる半導体。

「電球の中に使われている物質は、電気を効率よく光に変えられる。ならば反対に、光を電気に変えることもできるのでは……」

人工光合成の実験を行っている様子。水槽の中には二酸化炭素が溶かしてある。これに人工の光を当て、エネルギーになり得る有機物を生み出す。

このアイデアが功を奏し、ようやく理想の光触媒が見つかる。※

だが、光触媒を使って電気を生み出すことはできたものの、電極にたどり着くまでに弱まってしまう。一難去ってまた一難。そんなとき、研究員の一人があるアイデアを出した。

「電気のロスを少なくするために、電極を水につけてみたらどうでしょう？」

電極は水につかると大きく損傷する。半導体の分野では、御法度とも言える行為だった。しかし山田は、仲間のアイデアに可能性を見出し、大きな決断を下す。

「やってみましょう。可能性が少しでもあるならトライする価値はある！」

紆余曲折を経て２０１１年７月、山田たちの研究グループは、光のみを使って水中の二酸化炭素からエネルギーに成り得る有機物を生み出すことに成功。翌年には、人工光合成で植物並みのエネルギー変換効率０・２％という世界最高性能を達成した。

のちに山田はこのアイデアの採用を「正直、苦肉の策だった」と振り返る。その一方で、確固たる信念を胸に宿していた。

「〝出来たらいいな〟を〝出来る〟に変える」

その思いがあったからこそ大胆な決断を下し、大きな成果を生み出すことができた。

LED照明
発光ダイオード（LED）を使用した照明器具。従来の蛍光灯や白熱電球に比べて寿命が長く、消費電力も少ない。電化製品をはじめ、建物の照明、車のヘッドライト、医療設備、植物工場など、幅広い分野で活用されている。

※元パナソニック社員である東京理科大学の大川和宏教授が窒化ガリウムから水素を生成する研究に長年取り組んでいた（青色LEDにも窒化ガリウムが使われている）。山田たちは大川教授の研究に着目し、その内容を人工光合成に応用した。

今の苦労も明日になればいいことにつながる、そう信じて

頭の中で思い描く夢や理想。それは、あなたの人生を豊かにし、大きな挑戦を後押しすることもある。だが、それらを「必ず達成させる」という強い気持ちとリンクさせるのはなかなか難しい。山田はなぜ、そうすることができたのか。彼女が愛読している漫画にヒントが隠されていた。

「子どもの頃に読んだ『エースをねらえ！』が大好きで、今も大切に持っています。主人公がどんな逆境にもめげず、〃今の苦労も明日になればいいことにつながる〃と信じて努力する。そのひたむきさが好きで、大きな感銘を受けました」

可能性が少しでもあるなら、躊躇なくチャレンジする。それこそが山田の原点。

そして、そのチャレンジを成功させるためには、もう一つ欠かせないものがある。それは周囲とのつながりを大切にし、みんなをまとめる姿勢だ。研究チームのあるメンバーは山田に対して「いつも明るくて力強くチームを引っ張ってくれる」と信頼を寄せる。だからこそ、チームの中で多くのアイデアが生まれ、困難に直面しても解決の糸口が見

『エースをねらえ！』 1970年代に連載していた少女漫画。名門テニス部に入部した岡ひろみが、さまざまな苦難を乗り越えながら、テニス選手として成長する過程を描く。スポ根漫画として人気を集めた。

つかる。自分一人では不可能なことでも、仲間の力を信じることで状況が好転する。山田の活動は社内だけにとどまらない。全国の大学生に人工光合成の意義と可能性を知ってもらうために講演を行っている。そこであるメッセージを贈った。

「自分の専門だけでなく、他の分野にもどんどん関心を持ってチャレンジしてほしい。**まずは〝出来たらいいな〟を見つけること。そして、それを〝出来るはず〟にして、最終的に〝出来た〟というところまで、あきらめずにがんばってほしい**」

山田は、若者たちにエールを送りながら、自らの志も新たにしているのかもしれない。

だからこそ、一定の成果を手にした今もなお、決して歩みを止めようとはしない。

太陽光を使って、二酸化炭素からメタンガスをつくり出す実験に取り組み、見事成功。人工光合成プラントを建設し、年間10万tの二酸化炭素を吸収して6000ℓのエタノールを生産するという壮大な計画にも着手する。多くの人が夢見る将来像を現実のものとするために。

理想を掲げて前向きな気持ちを持ち続けるのは生やさしいことではない。でも、その情熱は自分の心を燃やし続けるだけでなく、周りの人の心にも火をつける。彼らはやがてあなたの仲間となり、夢の実現に向けてまた一歩前進することだろう。

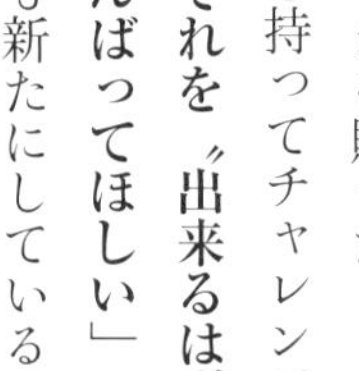

研究チームの仲間とともに太陽光を使って二酸化炭素からメタンガスをつくる実験に見事成功した。

人工光合成プラント
パナソニック先端研究本部は、二酸化炭素を放出しているごみ焼却場などでのプラント（生産設備）の建設を目指している。ここで二酸化炭素を使って、大量のエタノールを生産する。エタノールは殺菌や消毒に使われるほか、自動車の燃料にもなる。

チーフプロデューサー　黒岩亜純の「眼」

テレビはときに嘘をつく。テレビ局員の発言としてはいささか不謹慎だが、番組放送後に山田さんと初めて会ったとき、図らずもそう思ってしまった。テレビ画面に映し出されていた山田さんの存在は大きかった。しかし実際に会うと、予想よりも小柄な女性。そのギャップを素直に伝えると、本人は快活に笑った。

「よく言われるんです。座って話した後に立ち上がると、私の背丈を見て、みなさん驚かれます」

しかし、体は小柄ながらも、常に明るい笑顔と躍動感がみなぎっている。そして、山田さんは自分の話を終える前から、すでに笑い始めている。その笑いがこちらにも伝染し、話の内容を理解する前につられて笑顔になってしまう。そうして油断していると、うっかり聞き逃しそうになるが、実はすごいことを語っていたりする。

「目立ってなんぼ」「いつも、ホームランをかっ飛ばすことを考えています」

会社の後輩たちが「ここはバントでしょう」と慎重になっても、常にフルスイング。何に対しても全力で取り組む。たとえ失敗しても「失敗するからおもしろい」「失敗した方が次へと進む」と、どこまでも前向き。つまり、フルスイングしてホームランを打てば万々歳。空振り三振でも、次に進んでいる。どっちに転んでも得るものが多い。すごい戦術だ。

たくさんの含蓄のある言葉が飛び出してきたが、その中でも山田さんが特に大事にしている言葉がある。尊敬する上司から託された、こんな金言だ。

「真昼の星を見つけなさい」

昼間に空を見上げて目を凝らしても、星は見つからない。普通なら、そんな滑稽なことを真剣に受け止めず、すぐにあきらめてしまう。だが山田さんは、必死に探す。そんな彼女の夢を追い求める心こそ、真昼に輝く星なのかもしれない。山田さんは夢をつかむまで、笑顔のまま走り続けることだろう。

ドリームメーカーたちの活躍を動画で確認！

TBSのホームページでは、
過去に放送した番組のダイジェストを
ご紹介しています。

Episode 05

宮崎県木材利用技術センター
所長
飯村　豊さん
（2013年4月14日放送）

Episode 06

エムスクエア・ラボ　社長
加藤 百合子さん
（2013年3月31日放送）

Episode 07

京都大学　生存圏研究所
教授
矢野 浩之さん
（2014年4月13日放送）

Episode 08

テキサス大学　筑波大学
教授
柳沢 正史さん
（2014年3月2日放送）

Episode 09

パナソニック先端研究本部
工学博士
山田 由佳さん
（2013年8月11日放送）

※QRコードをスマートフォンやタブレットのQRコードリーダーで読み取ることで動画をご覧いただけます。 パソコンでご覧いただく場合は、「夢の扉＋」 公式ホームページ （http://www.tbs.co.jp/yumetobi-plus/） にアクセスしてください。
※お使いのスマートフォンやタブレットにQRコード読み取りアプリがない場合、上記QRコードから動画をご覧いただくことはできません。QRコード読み取りアプリをインストールするか、「夢の扉＋」公式ホームページにアクセスしてご覧ください。
※フィーチャーフォンには非対応です。フィーチャーフォンで上記QRコードを読み取っていただいても動画をご覧いただくことはできません。

3章

時間に追われて余裕がない

「できっこない……」「無理だ」

そんな弱気なセリフの後には、いつも決まってある言葉が続く。

「だって、時間が足りないだろ?」

時間には、あなたの情熱や冷静な思考力を
奪い取る危険性も潜む。

でも、そのいずれも夢をあきらめる理由にはならない。

限られた時間のなかでも情熱を
持ち続けている人がいるのだから。

Episode 10

ここでやらなければ 二度と出来ない

二度と出来ない

「次の機会にがんばればいいや」

多忙な毎日を過ごしていると、そんな誘惑に駆られやすい。

だが、二度目のチャンスは訪れないかもしれない。

今、この瞬間にすべてを注ぐ。その姿勢こそが夢を結実させる。

新型ロケットに
夢と希望を乗せて

JAXA　イプシロンロケット　プロジェクトマネージャー

森田《もりた》 泰弘《やすひろ》 さん

1990年より文部省宇宙科学研究所（現JAXA)にてミューファイブ(M-V)ロケットの開発に従事。ミューファイブロケットの運用が打ち切られてからは、人工知能を搭載した低コストの小型ロケット「イプシロン」の実用化に取り組み、プロジェクトマネージャーとして研究開発をリードする。2013年9月にイプシロンロケットの打ち上げを成功に導く。

人生を変える大きなチャンス、それに気づいているだろうか

人生には大きな選択を迫られる瞬間が存在し、それを逃すと二度と巡り会えないような好機もある。しかも、その好機は一見、チャンスとは気づかない場合もある。あなたは忙しさから余裕を失い、大きなチャンスを見落としていないだろうか。

2013年8月、鹿児島県内之浦。人口4000人ほどのこの小さな町に、1万5000人もの人々が全国から押し寄せ、かつてない賑わいを見せた。集まった人たちの目的は、新型ロケット「イプシロン」の打ち上げ。「日本の宇宙開発の父」と評される糸川英夫がつくった内之浦の発射場は「固体燃料ロケットの聖地」と呼ばれている。固唾を呑む観衆とともに新型ロケットの打ち上げを見守るのは、イプシロンの生みの親、森田泰弘だ。打ち上げの前日、森田は記者会見の場で、感慨深げに心情を吐露していた。

「実にいろいろなことがあった。しかし、チーム一丸となって、苦しくてもがんばってよかった。ようやくここまで来たという気持ちです」

多忙なスケジュールのなか、仲間とともに全力を尽くしてきた森田。その表情には充実感がみなぎる。しかし、さかのぼること7年前、彼は挫折のなかにいた。

糸川英夫
工学者。専門は航空工学、宇宙工学。1954年に小型の火薬式ロケット「ペンシルロケット」を開発。その後も宇宙開発に尽力。その功績が認められ、小惑星探査機「はやぶさ」が目的地とする小惑星が2003年に「イトカワ」と命名された。

当時、世界最高性能と謳われたロケット「ミューファイブ(M‐V)」。森田はその開発に携わっていた。ところが、6度目の打ち上げを終えた後、上司から突然「ミューファイブ(M‐V)運用打ち切り」の知らせが。75億円という膨大なコストが原因だった。

「なぜだ!?　これからというときに……」

森田が許せなかったのは、日本の「固体燃料ロケット」の歴史が断ち切られること。世界のロケット開発は長年、大きなものをより遠くまで運べる「液体燃料」が主流だったが、糸川博士はより扱いやすい「固体燃料」を用いて、コンパクトで高性能のロケット開発に成功。やがて、世界の小型ロケットの手本となっていったという経緯がある。

「偉大な先人たちがたゆまぬ努力で築き上げてきた歴史を終わらせてはいけない!」

その強い思いが、森田の心に火をつける。

「そうだ、このピンチは大きなチャンスなんだ。1歩ずつではなくて、10歩も100歩も飛躍するチャンスを与えられたんだ」

コスト削減を単なる上からの命令ではなく、新技術を実現させる好機と捉えた森田。もちろん時間も手間もかかるが、彼はその先に可能性の光を見たのだ。何よりも、

「ここでやらなければ二度と出来ない」

鹿児島県内之浦にあるロケット発射台。ここから数多くのロケットが宇宙へ旅立った。

その危機感が彼をかき立てたのだ。

苦しい状況のなかでも挑戦し続ける人が未来を変える

森田は研究者の有志たちと議論を幾度も重ねて、「世界初」の勝負に出る。あのＮＡＳＡでさえ挑戦していない画期的な技術、「人工知能」の採用。これにより、50台ほどのコンピューターと１００人規模の技術者が行っているロケットの打ち上げ管制作業を、人員、期間、コストの面で、すべて縮小できる。必要なのは、たった2台のパソコンと数人のスタッフのみ。

しかしながら、世界的にも前例のないアイデアに対する風当たりは強く、「人手と時間をかけてやるべきだ」という声も挙がった。だが、森田は毅然として答えた。

「そんなことを言っていては、未来を切り拓くことはできませんよ」

最悪の状況が生んだ「世界初」の試み。しかし、ピンチをチャンスと捉えられない人間は、失敗を恐れるあまり、従来のやり方にこだわり、無闇に時間をかけようとする。それでも、世界に革新をもたらし続けてきたのはいつの時代も、未開の地へ挑んだ者た

打ち上げ中止後の記者会見。プロジェクトの責任者として、森田は厳しい質問にも丁寧に答えた。

ち。彼らもまた時間やスケジュールに追われていたことだろう。けれど、森田と同じように決して勇気や信念を失うことはなかった。

森田は3年かけて、ついに人工知能を完成。そして、2013年8月。7年ぶりの国産ロケット打ち上げにこぎつける。

ところがカウントダウンが始まった直後、場内に流れたのは、まさかのアナウンス。

「本日の打ち上げは中止です……」

落胆を隠せないまま肩を落として家路につく群衆。日の丸ロケットの歴史をつなぐ森田の7年越しの夢は、一瞬ついえたかに見えた。しかし、打ち上げ中止から3日後、管制室のプログラムに問題の原因が見つかり、その解決に目処が立ったため、次の打ち上げが決定。2回目の打ち上げ日に選ばれたのは、より多くの人が集まる日程である9月3連休の初日だった。

忙しさに見舞われても大切なものを見失わない

失敗が許されない状況。森田の心中に去来するのは、あのときと同じ思いだった。

2013年9月に行われた2回目の打ち上げ。祝日ということもあり、2万人もの観客が集まった。

「ここでやらなければ二度と出来ない」

7年前の打ち上げを最後に活気を失っていた内之浦。地元の人たちの「もう一度、ロケットを」という切なる思いも、森田は痛いほど感じていた。

9月14日。打ち上げ当日を迎えると、前回を上回る2万人のギャラリーが参集。運命のとき。再びカウントダウンが始まった。

「3、2、1……」

誰もが祈るように見つめるなか、イプシロンは轟音とともに浮き上がり、グングンと加速しながら大空へ吸い込まれていく。

ギャラリーからは大きな拍手がわき起こった。「すごい!」とはしゃぐ子どもたち。感涙にむせぶ住民。管制室の森田も相好を崩してスタッフと握手を交わした。そして、森田は改めて実感した。「ロケットを飛ばしたのは、みんなの思いだ」と。

忙しい毎日を送っていると、いろいろなことを忘れそうになる。**夢への情熱、これまでの努力、そして自分を支えてきてくれた人たちの気持ち。そこから目を背けていると大切なことをいつか本当に忘れてしまう。**でも、今ならまだ間に合う。「ここでやらねば」という強い意志が大きな夢をかなえることを知った今なら。

2回目のチャレンジで見事、打ち上げに成功。たくさんの人たちの夢と希望を乗せたイプシロンロケットは宇宙へと飛び立った。

チーフプロデューサー 黒岩亜純の「眼」

森田さんと初めて話した後、ある人物のことを思い出した。1997年、京都で行われた地球温暖化防止会議の議長役を務めたエストラーダ氏。各国の利害がぶつかり、もめにもめた京都議定書は、この議長の手腕なくして合意にはこぎつけられなかったとも言われている。その彼には3つの資質があった。①無欲無私、②目標達成への〝信念〟、③みんなを和ませる〝ユーモア〟。実は、この最後のユーモアこそが困難な局面であればあるほど大事なことを、森田さんの晴れやかな笑顔が教えてくれる。

かつて高いコストを理由に大規模プロジェクトが打ち切られ、大きな挫折を味わった森田さん。固体燃料ロケットの可能性が否定されたものの、その後7年の歳月をかけて、見事採算の合うロケットとして復活させた。その汗と涙の結晶「イプシロン」の性能を公表した資料には、心憎い演出がなされている。なんとお酒のラベルを真似して、表紙に「7年、どんなことになっても腐りません」と記されていたのだ。自分たちが味わった辛さまでも笑いに変えてしまう、チーム森田のユーモアあふれる粋な計らいだった。

開発当初は、わずか2台のパソコンで打ち上げることは「とても無理」と悲観する声さえ聞こえた。だが、そんな逆風が吹くときこそ、森田さんはプロジェクトの可能性を語り、明確な目標を設定し、笑いを忘れずチームの先導役となった。その信念がチーム全体に伝わり、団結していった。一方、やりがいとともに大きなプレッシャーも抱えていたことだろう。1000人を超える関係者たちが支える一大プロジェクトなのだから。それを率いて見事成功させた後に、森田さんが語ってくれた言葉が心に残っている。

「イプシロンは固体燃料で飛んだのではない。支えてくれたみんなの思いで飛んだんだ」

笑顔を絶やさない森田さんが、日本のロケットづくりの歴史に刻んだ一言だった。

Episode 11

人事を尽くして天命を待つ

いくら夢や希望があっても、挑戦する時間には限りがある。
どんなに忙しくてもチャレンジしなければ夢はかなわない。
できることはただ一つ。
自分の持つ知識、経験、情熱を総動員して
全力で取り組むことだ。

脳動脈瘤の破裂を予測する工学博士

東京大学大学院　情報学環・生産技術研究所　教授

大島《おおしま》まり さん

マサチューセッツ工科大学（MIT）へ留学後、1992年に東京大学大学院工学系研究科原子力専攻博士課程修了。東京大学生産技術研究所助教授などを経て、2006年より現職。気体や液体の流れを解析する流体工学の知識を駆使し、脳動脈瘤の破裂を予測する。将来の研究者を育てるための講演活動も積極的に行う。

時間には限りがあるが、全力を尽くすことで光が見えてくる

「人事を尽くして天命を待つ」

この言葉を素直には受け入れられない人もいるかもしれない。「全力を尽くすのは当たり前。天命を待つだけで結果が出るのか」と。しかし忙しい毎日、限られた時間のなかで、結果を待つだけという状況まで全力を尽くすのは言うほどたやすいことではない。

工学博士である大島まりの専門分野は、気体や液体の流れを解析して新たな技術をつくり出す流体工学。その知識を駆使し、多くの医師を悩ませてきた問題に取り組んでいる。それは脳動脈瘤と呼ばれる風船状のこぶで、脳の動脈内にできる。もしこれがパチンと弾けたら、死にも直結するくも膜下出血を引き起こす。そのため、脳動脈瘤がいつ破裂するのかを正確に予測して治療方法を考えることが重要なカギを握るが、それはベテランの専門医でさえ難しい。この厄介な代物に苦しむ人を一人でも減らそうと、大島は18年も前から脳動脈瘤の破裂予測に取り組んできた。

まず患者の脳をCTスキャンにかけて輪切りにした画像を集めた。次に、血管にかかる壁面せん断応力（血液の流れが血管をこする力）をコンピューターで調べ、血流をシ

脳動脈瘤
脳の血管（動脈）の一部が膨らんで弱くなる症状。日本人の約6％に脳動脈瘤があると考えられているが、自覚症状がない場合が多い。

ミュレーションする仕組みをつくり上げ、さらに血管にかかる壁面せん断応力の大きさを色分けした。これにより、脳の状態や破裂のリスクを正確に把握できるようになった。

もちろん、複雑なつくりをしている脳の血管を調べる作業は困難を極め、大島は不眠不休で研究に打ち込んだ。研究成果がある程度まとまれば医師たちに説明し、内容を話し合い、また改良を加えた。

その努力が少しずつ実を結び、ついに患者にシミュレーションの結果を直接見てもらう段階まで来ている。

「ようやく光が見えてきました」

大島は淡々と語る。彼女はなぜ努力を続けることができたのか。そのヒントは、自分の将来に悩んだ30代の時期に隠されている。

死にものぐるいで取り組む姿勢がチャンスを引き寄せる

幼い頃から算数と理科が得意だった大島は小学生の頃、あるできごとに心を奪われる。それは、アメリカのアポロ計画が成し遂げた人類初の月面着陸。

くも膜下出血
脳を覆う3層の網膜のいずれかに出血が生じ、脳脊髄液中に血液が混入した状態を指す。脳卒中や突然死につながる危険性を持つ。日本では年間1万3000人以上が亡くなっている。

「人間を月に運べる科学の力って、すごい！」

　算数が数学に変わるとさらにおもしろさを感じ、大学受験では理系の学部を選択。大学卒業後は東京大学工学部の大学院に進んだ。それでも大島の探求心はとどまることを知らず、工学を極めるべく名門マサチューセッツ工科大学（ＭＩＴ）にも留学。寝る間も惜しんで来る日も来る日も研究に打ち込み、悲願の工学博士となる。しかし、そこから先の将来が描けなかった。

「これから自分のキャリアを築いていかなければと考えたとき、どうすればいいのか悩みました。ただひたすら、がむしゃらに進んできただけだったので……」

　そんなある日、外資系企業からオファーが届く。

「ミス・オオシマ、今の年収の10倍出しましょう」

　大島が専門とする流体工学の理論が、金融分野に応用できると見込まれたのだ。人によっては、この誘いを「天の助け」と喜び、飛びつくかもしれない。だが、大島は首を縦には振らなかった。なぜなら、今取り組んでいる研究で、まだ自分のすべてを出し切っていないと感じていたから。そんな状態であきらめては、科学に無限の可能性を感じた子ども時代の自分を納得させることはできなかった。

ＭＩＴに留学していた頃の大島。一心不乱になって研究に打ち込みながら、自分の進むべき道を模索した。

「あと2、3年、死にものぐるいで流体工学の研究を続けよう。それで花が開かなければ、自分には才能がないのだときっぱりあきらめて、別の何かを探せばいい」

葛藤の末、全身全霊を注ぐ覚悟が決まった。迷いが消えた人間は集中力が格段に増す。大島は寝食を忘れ、脇目も振らず、流体工学の研究に打ち込んだ。そんな風に生きる人には自ずと、自分の力を役立てられる仕事が舞い込んで来るのだろう。ある脳神経外科医から「脳動脈瘤の解析をしてもらえないか」と相談を受けた。

大島は「自分がやるべきことはこれだ！」と直感した。「シミュレーション画像なら、見えないものを見ることが可能になる。流体工学で未知のものを解明できるかもしれない」

将来に迷ったときは昔の自分と向き合う

長年の努力の末、ついに血管のシミュレーションが完成。さらに動脈瘤を解析する過程である事実にたどりつく。それは、こぶの部分は血流によってかかる力が意外に小さいということ。一般的に脳動脈瘤は強い壁面せん断応力がかかったときに破裂すると考

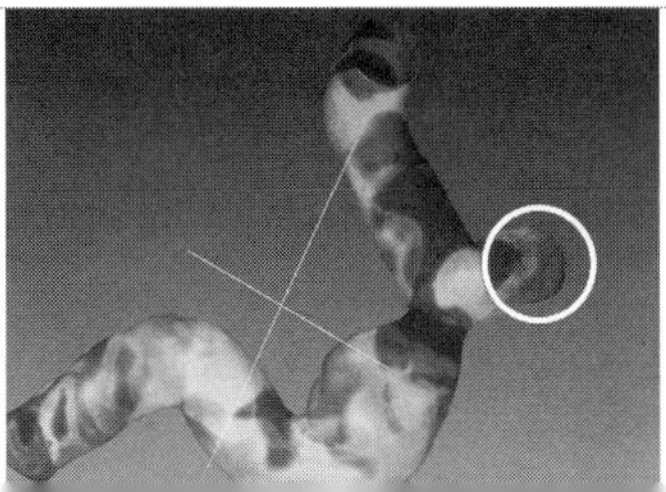

大島が作成した脳動脈瘤のシミュレーション画像。脳の血管にかかる圧力の大きさを色分けしている（丸で囲まれている部分が、破裂の恐れがある脳動脈瘤）。

えられていたが、壁面せん断応力が弱過ぎても破れやすくなるのではないかと考えられるようになった。その詳しい原因はまだ解明できていないが、医学界の常識を覆す大発見であり、多くの医師が驚嘆した。だが、当の本人はいたって冷静に言う。

「脳動脈瘤のシミュレーション画像を目にした患者さんが、安堵の表情を浮かべるのがうれしい。これからも人を幸せにできるような仕事をしていきたいと思います」

大島は学生の指導や講演を行う多忙なスケジュールを過ごしながら、今も脳動脈瘤の研究に打ち込む。その原動力は何か。多くの医者や患者から期待を寄せられているからだろうか。それも一因だが、一番の要因は昔の自分にうそをつかなかったことではないだろうか。

どんな仕事に就いている人でも、キャリアのスタートを切ったときは何らかの夢や希望を抱いていたはずだ。でも、忙しい毎日を過ごすうちに忘れてしまう。

だが、将来に迷ったときは過去を振り返り、自問してほしい。昔の自分を納得させるだけの努力をしてきたかと。その答えが「NO」だったら、忙しさを言い訳にせず、迷わず夢や希望に向かってがむしゃらに走り出せばいい。そんな人にこそチャンスの順番は巡ってくる。

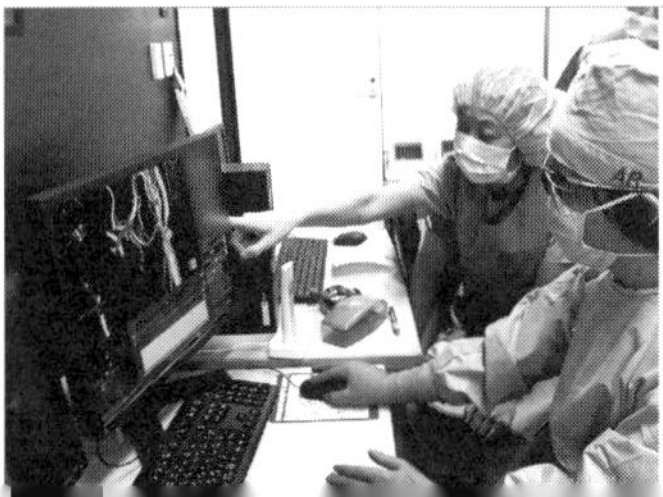

大島は今も病院に足を運び、医療関係者と話し合いながら、研究内容のさらなる進歩を目指している。

チーフプロデューサー 黒岩亜純の「眼」

大島さんが工学部で学んでいた当初、学部内では男性用トイレを一部仕切って、女子トイレにしていた。ドキッとする話だが、理系の学部で学ぶ女性が少なく専用トイレもなかった時代、そうせざるを得なかった。逆の立場に立って女性がいるトイレに入っていかなければならない状況を考えると、どれほど恥ずかしい思いだったかを推察してしまった。大島さんは、女性研究者にとって、不遇の時代を走り続けてきた。

しかし、今は〝リケジョ〟がもてはやされる時代。昔に比べて女子学生も増え、女性用トイレも当然つくられた。理系の女性にも幅広く道が開かれてきた社会の変化に、大島さんは「女性の方がオプションがある」と晴れやかな表情で話す。

「就職先を見つけるか、研究者として続けるか。結婚して仕事を続けるなど、さまざまな選択肢がある。社会の構図が変わってきたことを実感します」

一方、不況を反映して、男子学生は安定した就職先を見つけるという選択肢が最優先となり、大島さんも「余裕がなく、切羽詰まった様子」と語る。将来を悲観し、自信を失いがちな学生も多い。そんな彼らに人生の先達として、こんな言葉を贈る。

「基礎から積み上げていくことが大事なのでは？　地味、地道と思うかもしれませんが、日々の研究を積み重ね、そのなかで鍛えられていくと、いつか大きな自信につながります」

そして、研究の原点について「そもそも工学は社会の橋渡し役であり、人の役に立ってこそ」と力説する。そんな柱があれば、大島さんが過去に体験したように、今の10倍の給料を持ちかけられても、人生の選択肢に迷うことはないだろう。一研究者としての地道な積み重ねから、今は実社会に役立つ研究開発へと、人生のコマを前に進めた大島さん。その過程で味わった苦労や不自由さは、彼女に苦痛を与えるのではなく、むしろ謙虚さや実直さを育ませたように感じる。

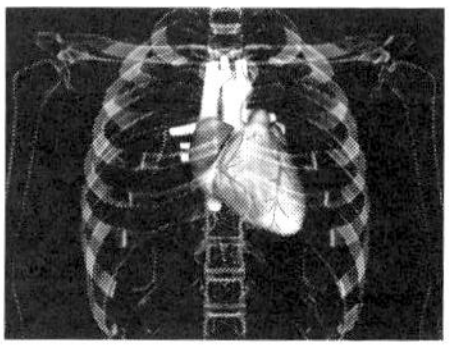

Episode 12

「精一杯やっても時間が足りない、余裕がない、だから無理」

それは夢や目標をあきらめるときの常套句。

でも、本当に全力を尽くしているだろうか？

１００％の努力ですら、まだ限界じゃない。

１５０％努力して、ようやくつかみかかけるのが夢

150%努力

ＣＧを駆使して
医療を変える

サイアメント　代表取締役

瀬《せ》尾《お》 拡史《ひろふみ》 さん

東京大学医学部医学科卒業後、東京大学医学部附属病院に2年間勤務。大学生時代から学業、医療活動と並行してCG制作を行い、体のつくりや病気の様子を一般の人でも理解できるようにするための活動に力を注ぐ。病院での研修を終えた後、2013年4月にサイエンスCG制作会社「サイアメント」の代表取締役となる。

一日も早く実現したい夢のために150%の努力を惜しまない

映画やアニメーションなどのエンターテインメント分野、あるいは工業デザインや建築の現場でも欠かせないものになった3次元（3D）CG映像。その技術をサイエンスの世界に持ち込んで革命を起こそうとしているのが、「CGクリエーター」と「医者」という異色の経歴を持つ、瀬尾拡史だ。

例えば、人体の内部。先端が無数に枝分かれして肺に広がる気管支は、レントゲンやCTスキャンの平面画像で見ても、素人目にはその構造がわかりにくい。そんな複雑な構造を持つ臓器もCGで表現すれば、よりわかりやすく美しくビジュアル化できる。この「科学するCG」が今、各方面で注目を集めている。

映像を目にした一般の人たちからは、「実際の写真などと違って緑や青などに色分けされているから、わかりやすい」「体の様子を正確に把握できると健康への関心が高まる」といった意見が寄せられる。医療従事者にとっても、治療のシミュレーションができるなどメリットが多い。彼らの期待を一身に受ける瀬尾は、最前線を走りながら未来を見据えている。

CTスキャン
コンピューター断層撮影。放射線などを利用して人体の内部を画像として構成する技術。従来は輪切りの断面画像が主流だったが、画像処理の技術が進歩したことにより、3D画像として表示するタイプも増えてきた。

Episode 12

「10年経たなければできなかったことが、5年でできるようになるかもしれない」

そんな未来を一日でも早く実現するために全力を尽くす。**１００％ではなく、１５０％の努力を惜しまない。**その姿勢は大学時代から変わらないスタイルだ。

夢は大き過ぎるぐらいの方がおもしろい

瀬尾は中学生のときに人体の仕組みをＣＧで紹介する科学番組を見て、自分もわかりやすく伝える、科学番組のつくり手になりたいと思った。

「医療やサイエンスをわかりやすく伝える番組をつくるには専門知識が必要です。だから、『医学部に入って勉強したい』と両親に伝えたところ、珍しい志望理由に笑いつつも応援してくれました」

言葉に出した情熱は行動を大きく変える。瀬尾は東京大学に入学し、わずか半年で2年生までの単位をほぼすべて取得。そうして時間をつくり出し、映画界やアニメ業界に優れたＣＧクリエーターを輩出している専門学校へ通った。

さらには、ＣＧの本場アメリカで先端技術を学ぶために大学へ嘆願書を提出して留学

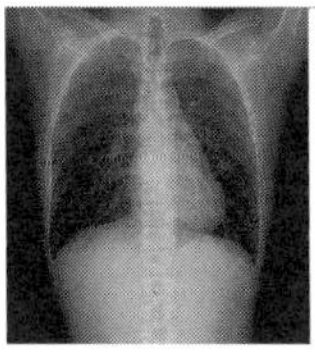
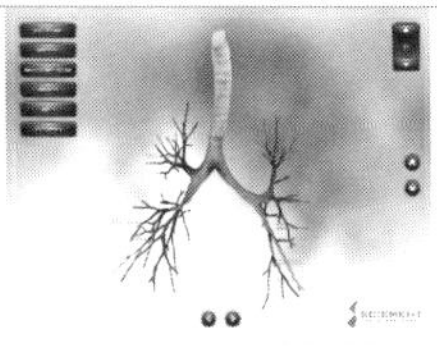

肺と外界を結ぶ空気の通り道（気道）の主要部分である気管支のＣＧ（写真右）。先端が左右に枝分かれしている部分を忠実に再現している。左の胸部レントゲン写真（瀬尾自身の肺を撮ったもの）と比べると、その精密さがより際立つ。

を果たす。※　まさにエンジン全開で、夢への階段を駆け上った。東京大学医学部を卒業後、東京大学医学部付属病院に勤務。そこで瀬尾は何度も苦い思いをしてきた。

「医者の説明を患者さんが理解できていないと感じる場面があまりにも多いんです。病院の先生たちもわかりやすく説明しようと精一杯がんばっているんですが……、それでも患者さんにはわかってもらえないだろうなと感じていました」

――患者さんが安心できる医療を実現したい。そのためにCGを役立てたい。

その思いが、瀬尾の歩みをさらに加速させる。多忙な研修の合間を縫って、肺の疾患でよく問題になる気管支のCG制作に取り組んだ。自分の肺をCTで撮影し、CGの材料とした。その数なんと463枚！

そして1年かけて仕上げの段階へ。瀬尾は新しい映像ができると、まず自分の両親に感想を聞くようにしている。なぜなら、「科学するCGは専門家だけのものではない」という信念があるから。もちろん、実際にCGを活用する医師からも意見をもらい、改良を加える。

なぜ、そこまでがんばることができるのだろうか？　夢のために努力を続ける秘訣は何なのか？　瀬尾は夢に対する自分の考えをこう語る。

※大学へ嘆願書を提出した際、「私を今留学させないと、東大医学部は将来、必ず後悔します！」と啖呵を切って医学部長を説得し、渡米。アメリカの教育現場で行われている内容を体感した。瀬尾が渡米前に作成し、裁判員制度に採用された3DCGは各方面から高い評価を受け、日本に帰国後、東京大学総長賞と総長大賞を受賞した。

「100%努力をすればできてしまうものはたぶん夢じゃない。**150%努力して、ようやくつかみかけるのが夢。**何か新しいことをやるとしたら、〝これ、ちょっと無理だろうな〟というようなものが、次の夢になるんだと思います。やっぱり夢って、それぐらいじゃないといけないと思うし、そうじゃないとおもしろくないから」

自分の目標以外のことにも全力で取り組む

夢をかなえるために必要なこと。それは、時間を惜しまず自分の限界を超えようとする姿勢。だが、大切なものがもう一つある。

瀬尾は、母校の筑波大学附属駒場高校で講演を行ったとき、自分のこれまでの歩みを振り返り、次のような話を後輩たちに語った。

「人のやっていないことをやろうとするとき、理解と協力を得るには周りの人を納得させるところから始めないといけない。だから、CGのために大学での勉強を疎かにするのではなくて、講義はすべて出る。試験は一つも落とさない。研修医になってからも、CGの打ち合わせより患者さんを優先。そういう姿勢がとても大事なんです」

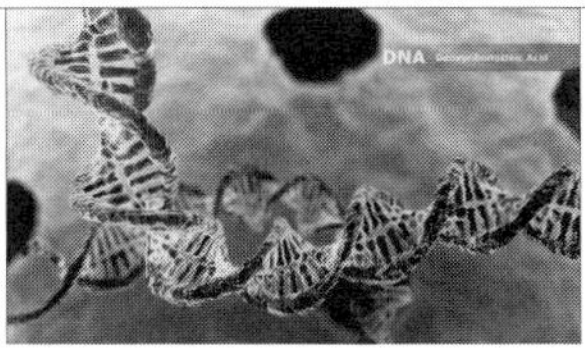

専門学校の卒業制作として、大学2年生のときにつくった『細胞の世界』。色使いに気を配り、高校の先輩につくってもらった音楽をBGMにした。

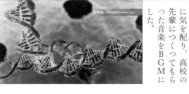

自らが掲げた目標に向かって最大限の努力をする一方、それ以外の役目もしっかり果たして筋を通す。だからこそ、夢と現実の距離がどんどん縮まっていく。

「そんなハードワークが自分にできるだろうか……」

「とてもじゃないが無理だ。時間も足りないし、そんな気力もない。ヘトヘトになって燃え尽きてしまう」

——本当にそうだろうか?

瀬尾の表情には、時間に追われているような焦燥感はほとんど見られない。病院での研修を終えた後も、150%の努力を続ける姿勢は変わらない。CGクリエーター集団の代表を務めながら、映像制作の現場と医療機関などをつなぐ橋渡しの役割に力を注いでいる。※

瀬尾の生き様を見て、「彼は特別な人だ。自分にはできっこない」とあきらめるか。それとも「自分だってもっとがんばれるかもしれない。そうしたら、夢に近づけるかもしれない……」と考えるか。

考え方は人それぞれ。ただ、残りの人生をより豊かにし、代え難い喜びを手にするのはきっと後者の方だろう。

※瀬尾は東京大学医学部附属病院での研修を終え、現在はCG制作会社の代表取締役として幅広い活動を展開する。

チーフプロデューサー 黒岩亜純の「眼」

東京大学医学部を出てCGクリエーターに⁉　何が瀬尾さんを突き動かしたのだろうかと、私は興味津々だった。どうやら同じような疑問を抱く人は多いらしく、瀬尾さんは「よく聞かれるんですけどね」と笑みを浮かべながら自身の考えを語る。それは実にシンプルだ。

「（医療系のCGをつくるなら）医者の知識と経験がある人がつくった方が合理的じゃないですか。それにCGがあれば便利です」

たしかに医療CGはいろいろな用途に使える。新米の医者には明日の予習に、ベテランの医者には患者への説明や手術時の確認のためにと適用範囲は広い。しかし「それだけですか？」と、ついつい自分の記者魂が働き、核心に迫ろうと試みる。人助けへの思い？　はたまた旧態依然とした医学界への反発？　いや、ひょっとして本音を話していない？　なかなか引き下がろうとしない私の質問にも怪訝な素ぶりを見せず、真摯に考えてくれる。ようやく振り絞るように出てきた答えは「だって、今やっていることが好きなんです！」と、直球が返ってきてしまった。私はもう白旗を上げざるを得なかった。これこそ、瀬尾さんの本音なのかもしれない。

普通の感覚だと、医学部で学び医者になったなら、そう簡単に別の仕事へ軸足を移すことはしないだろう。積み重ねた苦労を考えると、正直、もったいない。

だが、瀬尾さんの度量は普通ではなかった。従来の価値観で行き詰まってしまっている世界を舞台に、「150％の努力」で新たな道を切り拓こうとしている。社会的地位や他人の評価ではなく、それを超越したところで挑戦を繰り広げている。しかもスマートに。

多くの場合、負担が重くのしかかってくると、ため息まじりについ「あ～、大変」とつぶやいてしまう。そんなときは、瀬尾さんのクールな眼差しを思い出し、自問してみるのもいいかもしれない。

「150％努力しているかい？」

Episode 13

儲からへん仕事が肝心

儲からへん仕事

人生を生きる上でお金は欠かせない。
だが、それですべての価値をはかることができるだろうか？
忙しさゆえに余裕をなくし、
自分の価値観を見失いそうになるときこそ、
よく考えてほしい。何が本当に大事かと。

世界を股にかける
和食の伝道師

日本料理アカデミー理事長　「菊乃井」3代目

村田《むらた》 吉弘《よしひろ》 さん

京都・祇園の老舗料亭「菊乃井」の長男として生まれる。大学卒業後、名古屋の料亭で修行し、「菊乃井木屋町店」を開店。3代目菊乃井主人となってからは日本料理を世界に普及させる活動にも力を注ぐ。その功績が認められ、京都府産業功労者賞などを受賞。2014年2月にはパリの迎賓館で政財界の要人たちに日本料理を振る舞った。

「儲からない仕事」に情熱を注ぐことで新たな可能性が生まれる

仕事に追われ、時間を気にしながら生きる毎日。その見返りとして、手にすることができる給料。その金額が上がれば喜び、下がれば落ち込む。では、長い時間を費やして働く意味は収入を増やすことだけなのだろうか？　多くのお金を生み出す仕事こそ重要で、それ以外は脇に追いやっていいのだろうか？

いや、そうではないはずだ。お金以外にもやり甲斐はあり、「儲からない仕事」にもたくさんの可能性が眠っている。ある料理人の生き方が、そのことを教えてくれる。日本料理の名店「菊乃井」の当主・村田吉弘。彼は本業に全力を注ぐ一方で、「金儲け」にはなりにくい仕事にも情熱を注いでいる。

「儲からへん仕事が肝心」

村田は、その言葉の真意について多くを語らない。だが、日本料理の魅力を世界に伝えるために革新的な挑戦を続けるその姿は、いくつものメッセージを発する。

日本料理は、うまみを中心に料理を構成してきた特異な歴史を持つ。そのオリジナリティが近年海外から注目され、「ＵＭＡＭＩ」は世界の言葉となった。だが、「昆布やか

うまみ
グルタミン酸やイノシン酸などによって生じる味の名称。東京帝国大学（現東京大学）教授・池田菊苗によって、出汁昆布の中から発見された。多くの国々は油脂を中心に料理を構成してきた歴史を持つため、日本料理は世界的にも特異な存在。

つお節が手に入らないから出汁がとれない」と世界のシェフたちは嘆く。それに対して「その独自性こそが日本料理なんだ」「外国人には本当の味は理解できない」と言う料理人もいる。

しかし、そんな風潮に村田は異を唱える。

「日本人しか日本料理をつくれへんのなら、世界の料理になれへん。日本料理を世界の料理にするんや」

その情熱があるからこそ、村田は従来の方法にこだわらず、さまざまな取り組みを行う。その一つが、京都大学と共同で立ち上げた研究所。ここでは料理人と学者が協力して日本料理を科学的に分析する。そこで村田はバナナや鶏肉、トマトなどを使って、わずか15分ほどで出汁、醤油、味噌を見事につくり上げた。これらが普及すれば、昆布やかつお節が入手できない国でも日本料理をつくることができる。

もちろん、すぐにお金になる取り組みではない。だが、村田が高い志を持ち自ら行動することで、多くの人が集まり、夢に向かって少しずつ前進する。何より村田自身の引き出しも増えていく。

「新たな挑戦などできるだろうか、今の仕事だけで手一杯なのに……」

京都大学の研究所で科学者たちと議論を交わし、日本料理の可能性を広げていく。

そう不安に思う人もいるだろう。利益が期待しにくい仕事に挑むには高い志が必要となる。だが村田も、今の心構えができるまでには紆余曲折があった。

遠回りをすることで見えてくるものがある

村田は老舗日本料理店の跡取りとして何不自由なく育てられた。だが親が敷いたレールに乗ることを好まず、フランス料理を学ぶために単身パリへ。そこでは日本料理はほとんど知られていなかった。日本料理を捨てたはずだったのに悔しさがあふれてきた。

「そのとき、日本料理を世界の料理にすることをライフワークにしようと思ったんや。日本料理は文化的クオリティにおいては世界の料理に負けへん」

帰国した村田を待っていたのは「男子一生の志を半年で翻すとは何事や!」という父の怒号。しかし、村田も本気だった。

「一生をかけて日本料理を世界の料理にする」

その誓いを決して忘れることなく、料理人として腕を磨き、活動の幅を広げていった。

そして2013年12月、夢の実現に一歩近づく。村田の出した嘆願書が京都を動かし、

無形文化遺産
民族の慣習や文化的加工品などを保護対象としている。2003年に開かれたユネスコ総会で採択された。日本の能楽、歌舞伎、人形浄瑠璃なども登録されている。

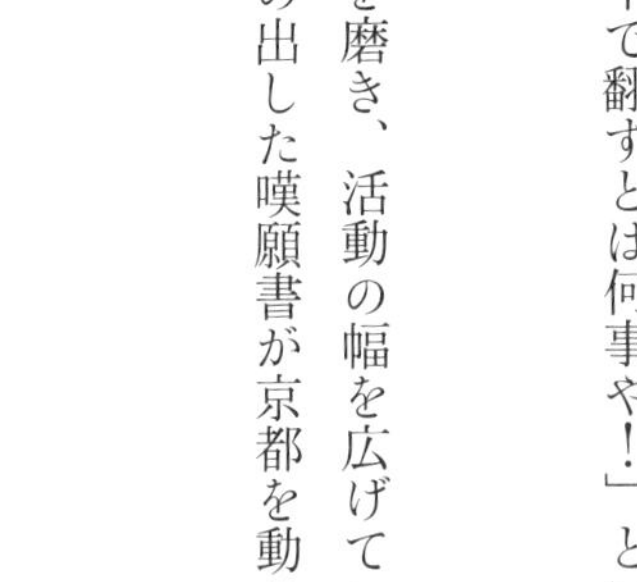
日本料理が無形文化遺産に登録されたときの式典。村田は日本料理の魅力を国内外に伝えるため、精力的に活動を続ける。

国を動かし、日本料理はユネスコの無形文化遺産に登録されたのだ。

「ほっといたらなくなっていくものを遺産と言うわけやから、和食の文化がなくならないように、みんなで守って継承しましょうということや」

村田が守りたいのは店の味だけではなく、日本が誇る和食文化そのものなのだ。そのためにシンポジウムにも参加し、日本料理の普及活動を行うＮＰＯ法人も立ち上げた。さらに忙しい合間を縫って海外にも足を運ぶ。もはや料亭の主人が行う仕事の範疇をはるかに越えているようだが……。

「儲かるのも仕事やけど、儲からへん仕事もある。儲からへん仕事の方が結構肝心だったりすることも多いんや」

「儲からない仕事」が日本料理の発展につながる。その信条がぶれないからこそ、寸暇を惜しんで働き続ける。そんな村田に大勝負のときがやって来た。

自分のためではなく公のために！　その気持ちが人を感動させる

勝負の舞台は、若き日の村田が「日本料理を世界に」と誓った地、パリ。迎賓館で行

パリの迎賓館でフランス人の給仕たちに日本料理の運び方を説明した。

われる晩さん会で日本料理を振る舞うという一大プロジェクトに挑んだ。

「世界の料理をリードしているフランスが晩さん会に和食を選んでくれた。日本料理が世界のレベルにあるということを認めたわけや」

村田は名店の料理人17人とともに勝負の舞台に立ち、舌の肥えたＶＩＰたちをうならせた。料理の世界で帝王と評される、アラン・デュカスさえも。

これをきっかけにもっと多くの外国人が日本料理に興味を持ち、お店に足を運ぶかもしれない。だが、村田は自分のためではなく、公のために行動してきたのだ。もし目先の利益だけを追い続けていたら、これほど多くの人を感動させることはできなかっただろう。そして今も「儲からない仕事」に精を出し、新たな挑戦を続けている。その先にお金では買えない何かを得られると知っているから。

あなたも、「自分の利益にはならない」と切り捨てていた仕事を見つめ直してみてはどうだろうか。そこに人生を切り拓くヒントが眠っているかもしれない。

もちろん、目に見える成果を手にするまでには時間がかかる。だが、その目標に全力で向かう途中で手にするものは多いはずだ。同じ志を持つ仲間、新たな知識、そして将来への希望。それらはあなたの人生をきっと豊かにしてくれることだろう。

アラン・デュカス フランス出身、モナコ国籍。世界各地でレストランを経営する三つ星シェフ。異なる国でミシュランの三つ星を獲得した史上初の料理人。

村田たちが迎賓館で振る舞った料理。食材のほとんどを日本から運んできた。

チーフプロデューサー 黒岩亜純の「眼」

京都の老舗「菊乃井」は、実はTBS本社ビルがある赤坂にも店を構えている。指定された時間に、一軒屋の料亭を訪ねると、風情ある2階のお座敷に通された。緊張した空気が流れるなか、背筋をしゃんと伸ばし、大物和食料理人を待ち構えることに。

しばらくすると、村田さんが昼食のお客さんから解放され、慌ただしく登場。私は料理を中心に話を展開しなくてはと身構えていたら、「安倍政権はな～」「原発はな～」と料理からは縁遠い、天下国家論に花が咲き、村田さんは身を乗り出して語り続ける。世界を渡り歩く大物。その風格が会話にもあふれ出てくる。

ところで国内外を飛び回っている村田さんは一体、どうやって仕事を取捨選択しているのだろうか。

「簡単やで。誰かの商売を助けるためなら断る。『公』のことを選べばええんや」

その軸がぶれないから、何に時間をかけるべきかが自ずと見えてくる。「公」のためになるなら、時間を惜しまず海外へ。長時間フライトも、時差も苦にならない。

村田さんが「公」への思いを強く意識するきっかけの一つに若き日の体験がある。

「じいさんから言われたことがあるんや。『お前は何をもって社会に貢献するんや』と。20歳のときやで。でも今は、〝ええ学校〟〝ええ就職〟なんて言うとる人が多いから、そんなマインドにはならんのや」

最後に村田さんが大胆な考えを披露してくれた。

「みんなが反対できへん、ええ内容で、錦の御旗を立てればいい。途中はウソ、はったりでもええんや。その代わり、私利私欲はだめやで」

村田さんなりの処世術に触れた思いだった。確かに、村田さんが言うのなら、思わずついていってしまうかもしれない。もし騙されたとしても悪い気はしない。なぜなら、村田さんは今日も「公」のために汗水流しながら闘っているのだから。

ドリームメーカーたちの活躍を動画で確認！

TBSのホームページでは、
過去に放送した番組のダイジェストを
ご紹介しています。

Episode 10

JAXA　イプシロンロケット
プロジェクトマネージャー
森田 泰弘さん
（2013年9月29日放送）

Episode 11

東京大学大学院　情報学環・
生産技術研究所　教授
大島 まりさん
（2013年6月2日放送）

Episode 12

サイアメント　代表取締役
瀬尾 拡史さん
（2013年1月27日放送）

Episode 13

日本料理アカデミー理事長
「菊乃井」3代目
村田 吉弘さん
（2014年3月9日放送）

※QRコードをスマートフォンやタブレットのQRコードリーダーで読み取ることで動画をご覧いただけます。パソコンでご覧いただく場合は、「夢の扉＋」公式ホームページ（http://www.tbs.co.jp/yumetobi-plus/）にアクセスしてください。
※お使いのスマートフォンやタブレットにQRコード読み取りアプリがない場合、上記QRコードから動画をご覧いただくことはできません。QRコード読み取りアプリをインストールするか、「夢の扉＋」公式ホームページにアクセスしてご覧ください。
※フィーチャーフォンには非対応です。フィーチャーフォンで上記QRコードを読み取っていただいても動画をご覧いただくことはできません。

4章

がんばる理由が見出せない

人の心は絶えず変化する。

ずっと同じ情熱を持ち続けることは難しい。

「どうして、こんなことしなくちゃいけないんだ?」

「誰の役に立っているんだ?」

そんな疑問が頭をもたげることもあるだろう。

そんなときこそ、自分の視点や考え方を少し変えてみよう。

きっと、必死で努力する意味が見つかるはずだ。

Episode 14

自分がやらなきゃ誰がやる

「誰かの力になれたら」。そんな想いを抱いても、自分の気持ちに素直になれなかったり、他人任せな気持ちが強くなったり……。でも、目の前で困難に直面している人を笑顔にするために、今行動できるのは自分だけかもしれない。誰かがやるのを待ってはいられない。

新型スイッチが
意思疎通を可能にする！

東京大学　先端科学技術研究センター　准教授

巖淵《いわぶち》　守《まもる》 さん

主な研究テーマは学習に役立つ情報技術をベースとした支援技術開発、重度重複障がいへのコンピュータービジョンを用いた支援技術開発など。2013年3月に指先や目元、口元をわずかに動かすだけでスイッチが入るシステムを発明。病気や怪我により周囲との意思疎通が困難だった人の新たなコミュニケーション支援ツールとして期待が集まる。

困難に直面する人たちを笑顔にするために自ら動く

世の中にはさまざまな問題が存在する。そのために苦しんでいる人は数知れない。だが、その事実を知るすべての人が、問題解決のために行動を起こしているだろうか。いや、そうとは言い難い。なぜか？

「自分には荷が重過ぎる」

「きっと誰かが何とかしてくれるだろう」

そんな思いが頭をよぎるからではないだろうか。

例えば、夢を持つ子どもたちが、十分な能力があるにもかかわらず障がいを理由に希望する高校や大学に進めない……。そんなニュースを知ったとしても、多くの人はなかなか我がことのように真剣に考えることはできないかもしれない。しかし、この問題を解決しようと日夜奮闘している一人の工学者がいる。障がいや病気などさまざまな困難を抱える人に対する支援テクノロジーの開発を行っている、巖淵守だ。

２０１３年３月、巖淵は研究室のメンバー・楊光らとともに、ある画期的な技術を開発した。ＯＡＫ（オーク）と名づけられた新しいソフトウエアを使えば、体の周りの空

ＯＡＫ
Observation and Access with Kinect の略。カメラを利用して対象者の体の動きを観察し、その動きを捉えてスイッチ操作を行うことができるソフトウエアとして開発された。

間や体そのものがスイッチになる。体を自由に動かせない人でも、まぶたや指先をわずかに動かすだけで作動させることができる、まさに「どこでもスイッチ」。病気や怪我により自分の意思を周囲に伝えることが難しい人たちのコミュニケーションを劇的に変える可能性を秘めている。巖淵は現在、難病を患う人たちにこのシステムを試してもらい、さらなる改良を目指している。

「自分がやらなきゃ誰がやる」

そんな強い意志を心に秘め行動する巖淵だが、もともとの研究分野は半導体工学。現在のテーマとは異なる分野の研究に打ち込んでいた。そんな彼がなぜ、「どこでもスイッチ」の開発に情熱を注ぐようになったのか。それは自分にできることが目前にありながら何もしない、できないことへの歯がゆさと憤りを何度も感じたことが深く関係している。最初の分岐点は1995年1月、阪神淡路大震災が起きたときだった。

恩師の言葉が自ら行動するための勇気を与えてくれた

大阪大学大学院基礎工学研究科に進んだ巖淵は、当時花形の研究分野の一つであった

研究に使う装置「キネクト」。これに備えつけられているカメラと赤外線センサーが、人間の複雑な動きを読み取る。

半導体工学に情熱を注ぎ、将来もその道に進むつもりでいた。そんなとき、阪神淡路大震災が起きた。未だ多くの人々の心にその衝撃が刻まれる未曾有の大災害だ。その頃、大阪にいた巖淵はすぐさま現地でのボランティア活動に参加したものの、まったく役に立てない自分に気づかされ、愕然とした。そして、ある思いが芽生える。

「人々と笑顔をともにできる仕事のなかで、人の役に立てる人材になりたい」

それをきっかけに半導体の研究をやめ、福祉の道に進むことを真剣に考え始めるようになる。しかし、そんな彼の考えに周囲は猛反対。巖淵の心は揺れる。そんなとき思い出したのが大学院時代の恩師が言った「君たちがやらなかったら誰がやるんだ」という言葉。分野は変われども、その言葉は彼の心の支えとなる。巖淵の覚悟は決まった。

「これまで学んできた工学の技術や知識は、必ず福祉に役立つ。その一念で福祉の道に足を踏み入れました」

困難に向き合い、喜びの言葉を次のモチベーションにつなげる

巖淵が今の研究に情熱を燃やすことができるのは、震災での体験が大きい。けれど、

巖淵が開発した「フェイス・スイッチ」。センサーが四角い枠で囲まれた顔全体や目元、口元を捉えている。これらの部分が少しでも動けば、センサーが感知してスイッチが作動する。

20年近くもの間、強いモチベーションを持つことができた理由はほかにもある。彼は折りに触れ、困難に直面している人の思いを知り、その体験から多くの励ましを得てきた。大学進学を目指していたある少年との出会いも、その一つだ。その少年は、筋ジストロフィーという病気のため鉛筆を握ることができない。そこで、解答作業ができるワープロソフトを使用し受験をさせてほしいと希望の国立大学に申し入れたものの「漢字問題の答えがわかってしまうから」と受け入れてもらえなかった。漢字の採点分は省くことも検討できるはず。社会の中では書く道具としてすでに定着したパソコン。海外ではパソコンで大学受験をする人が大勢いる。

今日では不必要とも言える、しかし彼にとっては不可能な作業の負担を強いる大学の対応を聞いた巖淵は愕然とし、わき上がる憤りを抑えられなかった。

「そんな馬鹿な話があるか!」

技術者としてすぐにできることが目の前にあった。「自分がやらなきゃ誰がやる!」。その思いを改めて実感した瞬間だった。その後、巖淵は試験中に使用したパソコンのソフトと漢字変換の履歴をすべて記録し、不正していないことを証明できるソフト「Ｌｉｍｅ（ライム）」を開発し、無料でダウンロードできるようにした。

筋ジストロフィー
筋肉の萎縮と筋力の低下が進行していく遺伝性疾患。発症年齢や症状によって、さまざまな病型に分類される。今のところ、根本的治療法は確立されていない。

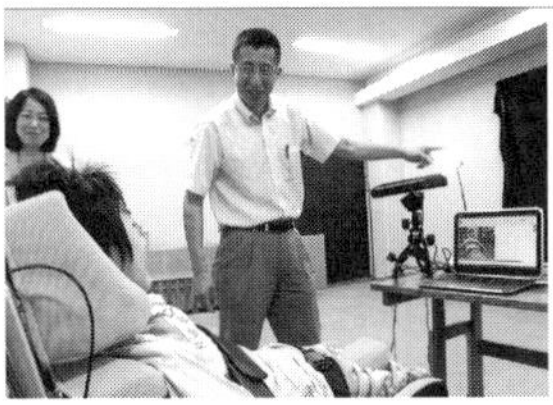

巖淵は「どこでもスイッチ」の利用者の所へ何度も通い、さらなる改良を加えている。

「障がいがあるからと夢をあきらめてほしくない」

苦しんでいる人の現状を直視し、自分の問題として捉え、今持っている知識に新たな工夫を添えて全力を注ぐ。その姿勢は、「どこでもスイッチ」の開発においても変わらない。

脊髄性筋萎縮症を患う19歳の女性に試してもらったときは、彼女から「絵を描きたいからマウスの長押し機能がほしい」というリクエストを受けた。巖淵はその夜のうちに新たな機能を追加し、翌日、彼女と笑顔をともにした。これまでにさまざまなスイッチを試しては失敗を繰り返していた脳性麻痺の少年。彼が養護学校での発表に「どこでもスイッチ」を使うときは、彼が比較的動かしやすい顔の動きをスイッチとして設定。少年は無事、発表を成し遂げ、その表情は充実感に満ちていた。

「〝どこでもスイッチ〟を使った人たちの笑顔、その家族からの喜びの言葉が何よりもうれしい。いつも元気をもらっています」

巖淵は困難に直面する人の思いに心を寄せ、彼・彼女の喜びを新たな糧とする。

あなたもそのサイクルを確立できたとき、きっと変わることができるだろう。**自分以外の誰かのために心を砕くことで、自分自身の新たな可能性も拓けてくる。**

脊髄性筋萎縮症
子どもに起こる遺伝性疾患。筋肉が萎縮するのが主な症状で、病型や進行の度合いによっては歩行が困難になる場合もある。根本的な治療方法は確立しておらず、リハビリテーションなどによる対症療法が中心。

脳性麻痺
脳が損傷を受けることにより引き起こされる機能障がい。

チーフプロデューサー 黒岩亜純の「眼」

巖淵さんは研究の協力者に接するとき、いつも笑顔だ。その理由を尋ねたところ、「相手に感謝されることを期待して行動するのは間違い」と返ってきた。

「そんなことを考えていると、自分のなかでうまく回らなくなってしまうんです。障がいがある人と向き合うなかで、何も完成できないときもある。しかし、それでも『楽しかった』『お互いに有益な時間だった』と思えるかどうかが大事なんです」

助けようとする側が助け続け、助けられる側が助けられ続ける構図では、どこかで破綻する。対等の関係を築こうとする姿勢が大切だと言う。

巖淵さんが今、障がいがある若者を対象に取り組んでいる、大学進学への支援プログラムが興味深い。

「学業成績はトップクラスだが、移動は親の車に任せ、自分では電車の切符を一度も買ったことのない高校生に『電車で来てね』と突きつけるんです」

何も言わなくても必要な支援を誰かが用意してくれると願いがちな若者たちに対して、自らの行動を見つめ直し、さらに視点を社会へと広げるために「社会は君たちのためばかりに回っているのではない！」と、あえて傲然と言い放つ。そして、障がいがある人が社会に目を配れるようになる過程で、こんな視点が生まれる。点字ブロックは視覚障がい者には大切なものだが、ベビーカーを押す人にとっては不便で、老人がつまずく要因にもなる。そんなことにも気づくそうだ。

この話を聞いたとき、私は障がいがある人が、逆に健常者のことを心配する〝逆転現象〟が生まれたのだと思った。だが、〝逆転〟と思うこと自体も、障がいがある人と健常者との間に「見えない壁」をつくっているのではないか。思わずハッとさせられた。

巖淵さんは技術を通じて、物理的なバリアを取り除こうとしているだけではない。人の心に宿る「見えない壁」をも取り除こうとしている。笑顔の裏に潜む、巖淵さんの強い意志が胸を打った。

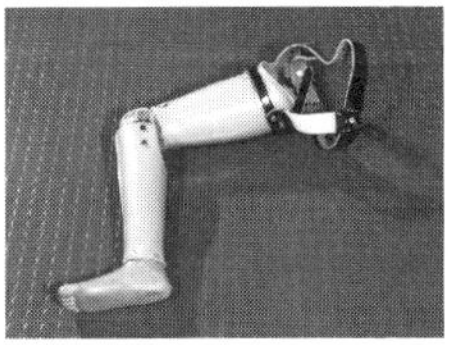

Episode 15

あなたは深刻な問題に直面したときどうするか。
頭を何度ひねっても解決策が思いつかないと、
そのうち気持ちが冷めてくるかもしれない。
しかし、それでも考えることを放棄しなければ、
次第に問題の本質が見えてくる。

障がいは人にあるのではなく、技術にある

技術にある

画期的な義足で
歩く喜びを届ける

ソニーコンピュータサイエンス研究所　アソシエイトリサーチャー

遠藤《えんどう》　謙《けん》 さん

慶應義塾大学大学院修士課程修了後、2005年よりマサチューセッツ工科大学（MIT）へ。人間の動作を解析してハイテク義足を完成させ、世界で最も歴史のある科学技術雑誌『テクノロジー・レビュー』誌が選ぶ「世界を変えるイノベーター35人」に選出される。現在は途上国向け、アスリート向けの義足開発にも取り組んでいる。

夢をあきらめず粘り続けることで解決の糸口が見つかる

日本のみならず世界各国には、病気や怪我などにより体が不自由な人たちがいる。彼らの中には夢や希望をあきらめざるを得なかった人もいるだろう。だが、そんな時代がいつか終わりを迎えるかもしれない。

「障がいは人にあるのではなく、技術にある」

マサチューセッツ工科大学（MIT）、ヒュー・ハー教授の言葉だ。これは、問題の本質的な原因は、体が不自由な人たちを支える技術がないことにあると指摘している。つまり技術を向上させれば、いずれ世の中の障がいをなくすことができるかもしれない。この言葉をもっと広い意味で捉えれば、こんなメッセージを読み取ることもできるのではないだろうか。

――人間の工夫や努力により、多くの問題は解決に導くことができる。

ハー教授の教え子である遠藤謙も、自身の専門知識を駆使して、さまざまな問題を解決しようとしている。彼は自在に走ったり跳んだりすることができる画期的な義足を開発した。遠藤はかつてロボット研究に従事していた。だが、親友でもあった高校時代の

ヒュー・ハー
MIT教授。10代の頃から若手登山家として注目されていたが、事故により両足を切断。その後、生体工学を駆使したバイオニック義足を開発し、再び登山に取り組んでいる。

後輩が骨肉腫にかかり、24歳の若さで片足を切断するというできごとが、遠藤の人生を大きく変える。

「……自分の足で歩きたい」

親友のつぶやきに己の無力さを感じ、ロボット開発で培った技術を応用した義足の開発を決意。さらには冒頭にあるハー教授の言葉が彼の背中を押した。

遠藤はより実用的な義足をつくるために、人間の歩く動作を徹底的に解析。その結果、歩行運動で重要なのは足を前に出すことよりも地面を蹴ることであることを突き止める。そして、ロボットの二足歩行技術を応用し、人間の足の動きを機械で再現することを試みた。だが、人間の複雑な動きを再現する作業は困難を極めた。そんなとき、弱気な虫が騒ぎ始めてもおかしくない。「無駄だ、無駄だ、あきらめろ」と。しかし、遠藤は研究を続けた。

「後輩は明日命があるかどうかもわからない。その状況に比べたら自分は恵まれている。だったら、もっとがんばれるんじゃないか。そう考えるようにしていました」

研究から7年、ついにハイテク義足が完成した。それを体験した人は「10年間義足を使用しているが、こんな体験は初めて。自分の足で歩いているようだ！」と驚きの声を

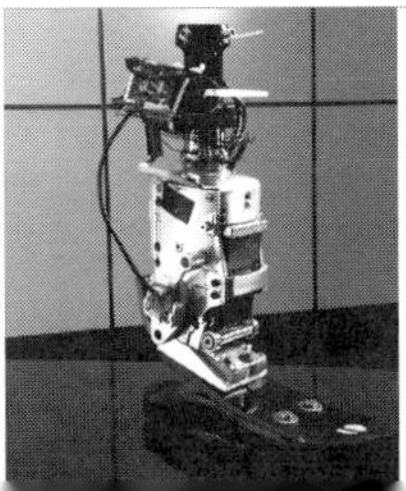

ハイテク義足
ロボット技術を応用した義足。義足に取りつけられたセンサーが利用者の歩行速度を感知し、モーターによって地面を蹴る動作が可能になった。義足を軽量化するためにモーターの一部には特殊バネが使われている。ハー教授が、２００７年に発表した義足「ＭＩＴパワード・アンクル」は、使用者が重さ１kgの電源を背負わなくてはいけなかったが、その課題解決を一歩前進させた。

上げた。工夫と努力により一つの壁を打ち破った瞬間だった。

人の役に立ちたい、その気持ちが活躍の場を広げていく

この世の中に存在するさまざまな問題を解決する術を考え出す上で欠かせないものがある。それは、人の役に立ちたいという思い。遠藤がハイテク義足を開発できたのも、親友への思いやりが大きい。その一途な気持ちは身近な人だけでなく、もっとたくさんの人を笑顔にする可能性も秘めている。

遠藤はハイテク義足を開発した後、別の方向にも活動を広げていく。それはＭＩＴの友人からインドの義足事情を聞いたことがきっかけだった。インドの義足使用者は約３５０万人だが、潜在的には１０００万人以上もの国民が義足を必要としていると言われている。そして、多くの人が10ドルにも満たない安価な義足を使うことを余儀なくされている。

遠藤の開発した義足は、世界最高レベルだけあって１本１００万円以上と高価だ。自らの研究成果とインドの義足事情とのギャップに衝撃を受け、遠藤はインド行きを決断。

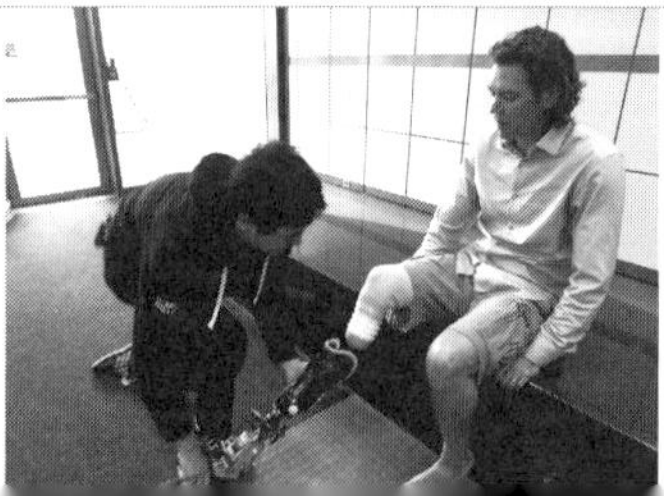

遠藤は、自身が開発した義足をさまざまな人に試してもらい、さらなる改良を加えている。

現地に着くと早速、低コストの義足開発に着手した。当然、ＭＩＴとは違い、義足をつくるのに必要な工具や部品が不足している。そんな状況にも動じず、プラモデルを夢中で組み立てる少年のように開発にのめり込む。なぜなら、彼は信じているから。技術の力を高めることによって、障がいは取り除くことができると。**自分の信念を持てば、どんな環境に置かれても突破口を見つけることができる。**

インドとＭＩＴを往復しながら4年間、歩行をより安定させることができ、さらに膝関節が１２０度まで曲がる義足のプロトタイプの開発を続けた。これは、床にあぐらをかくインドの生活に合わせてつくったものだ。そして、完成した義足を交通事故で左足を失った10歳の少女に渡した。遠藤の「できたよ」という言葉に少女は笑みを浮かべ、生まれて初めて義足をつけた。彼女はたどたどしい歩行ながら、自分の足で歩く喜びを取り戻した。少女にとっても、遠藤にとっても、大きな一歩だった。

冷静な視点と人の気持ちに寄り添う姿勢が未来を変える

インドでの義足開発に手応えを感じた遠藤は日本に帰国。次なる挑戦は、日本にも低

インドで暮らす少女のために義足を開発。少女の顔に笑顔がこぼれた。

コスト義足を広める取り組みだった。

「義足は高価なものが多いから、汚れや破損を気にして外出を控える人が多い。この低コスト義足で温泉に入ったり、山へ登ったり、積極的に外へ出てほしい」

　遠藤は、一番初めに試してもらいたい人の元へ向かった。義足開発のきっかけとなった高校時代の親友だ。「いつか彼に使ってもらえる義足をつくりたい」という長年抱いてきた思いがあった。義足を取りつけた彼は「すごい！」「軽い！」と驚きの声を上げる。その一言ひとことが遠藤に勇気を与えてくれる。

「テクノロジーの力で障がいを乗り越えて『ハンディキャップなんて、どうってことない』と、ごく自然に言えるような世の中になったらいいですね。それを目指して、これからもがんばり続けます」

　この世界には無数の難問が存在する。それらを解決に導くためには、二つのアプローチが鍵を握る。一つは、ハー教授のように問題の本質を冷静に捉えること。そしてもう一つは、足を失った親友や少女と向き合った遠藤のように、**苦しんでいる人たちに目を向ける**ことだ。そうすれば「何とかしたい」という気持ちが萎えることはなく、障がいとなっている壁を打ち破ることができるのではないだろうか。

【チーフプロデューサー　黒岩亜純の「眼」】

遠藤さんが義足の研究を行っていたアメリカのマサチューセッツ工科大学（ＭＩＴ）は、ノーベル賞受賞者を数多く輩出してきた。その名門大学ではイノベーションを生み出す仕組みの一つとして「ファカルティ・ランチ」というものが存在する。この昼食会は、面識のない教授たちが学食で昼食をともにし、自己紹介と互いの研究を知るところから始まる。すると、自分が抱えている課題を解決するためのヒントが見えてきたり、自分が持っているノウハウを相手の研究とコラボさせてみてはどうかなどのアイデアが生まれてくる。

大学という環境では、専門分野が異なる研究者たちは、あまり連携を取らない印象がある。しかしＭＩＴでは、横の連携を取ろうとする姿勢が至るところで見られるという。「私が在籍していた研究所・ＭＩＴメディアラボは、特にその姿勢が顕著で、とてもオープンな環境でした」と遠藤さん。さらに自らのイノベーションについて、「まったく何もないところからアイデアを出すよりも、現状のメリット、デメリットを分析し、改良していくことの方が性に合っているんです」とほかの研究者との連携のなかで、自らの能力を最大限発揮できると語る。現に、遠藤さんが開発した義足は、恩師が開発した義足をベースに改良を加えたものだ。まさに大学内での交流が、新たなイノベーションを生み出している。

そんな遠藤さんの今の夢は、２０２０年に開催される東京パラリンピックで、障がいを抱える選手が健常者よりも速く走れるような義足を開発すること。そのために元ハードル走選手・為末大さんとタッグを組み、新たな義足開発に取り組んでいる。

オリンピック３回連続出場という偉業を成し遂げた為末さんとのコラボで、きっと最強のイノベーションが誕生するに違いない。パラリンピックの舞台で、義足をつけたランナーが旋風を巻き起こす。そんなシーンが今から目に浮かぶ。

Episode 16

人生のターニングポイント、それはある日突然訪れる。
来るべきときに備えて力を蓄えよう。
忙しさのなかでもコツコツと、小さな努力を積み重ねて。
それがやがて大きな花を咲かせる。

じっくり力を蓄え チャンスで一気に爆発させる

植物の可能性を最大限引き出す

高知工科大学　教授

渡邊《わたなべ》 高志《たかし》 さん

専門は補完薬用資源学、漢方医薬学、育種学など。日本各地をはじめ、ネパール、台湾、ブラジル、ソロモン諸島などに足を運び、さまざまな植物を採取して隠された効用を明らかにする。これまでに日焼け止めクリームの開発などにつなげた。近年は高知県の植物を調査し、地域活性化に活かす取り組みにも力を入れている。

芽が出るまでの時期をどう過ごすかで人生は変わる

努力してもなかなか結果が出ない。コツコツがんばっているが先が見えない……。人生では、そんな冬の時代を誰もが持っているように思える。**しかし、だからといって途中で投げ出してしまっては何も変わらない。チャンスが訪れるまで、地道な努力を続けよう。**そうやって人生を切り拓いてきた人は大勢いる。植物をこよなく愛する研究者、渡邊高志もその一人だ。彼は植物に隠された力を見つけるプラントハンターでもある。

古来より人間の生活は植物に支えられてきた。治療などに役立つ植物は、今も私たちの身の回りに存在する。例えば東京のオフィス街に街路樹として植えられているヤナギの葉や枝には解熱鎮痛作用がある。道路脇に何気なく生えているコミカンソウも胆石を取り除く利尿作用を持つ。

地球上には約38万種の植物があるとされ、まだ知られざる力を秘めた植物が数多く存在する。それを世界中から探し出すのが渡邊の仕事だ。南太平洋の孤島やアマゾンの密林、世界の屋根と称されるヒマラヤ山脈……。これまで世界中の秘境を飛び回り、新たな効用を持つ植物を見つけ出してきた。それにより抗ＨＩＶ薬の開発が進むなど、人類

プラントハンター
食料や香料、薬、素材の原料となる植物を探し求めて、世界各地を探検する専門家。プラントハンターが活躍し始めたのは17世紀のヨーロッパ。

Episode 16

の進歩にも貢献している。

「植物がなければ人間は生きていけない。私の中では植物たちに人が生かされているという気持ちが強いんです」

そう語る渡邉が、この世界へ足を踏み入れたのは大学時代。プラントハンターだった恩師と出会い、植物を求めて世界中を飛び回る生き方に憧れた。そして23歳のとき、ヒマラヤの国々で植物探索を始める。

地道な努力の積み重ねが土壌となり大きな花が咲く

渡邉は険しい山々を歩き回り、約700種の植物を採取。それらにどんな成分が含まれているか、根気よく調べていった。

「今はじっくり力を蓄えチャンスで一気に爆発させる。そんな気持ちで研究と向かい合っていました」

寒さに耐えながら春を待つ植物のように地道な作業を続けた。そして5年の歳月が流れた頃。ヒマラヤ産リンドウに人間の肌を保護する成分が含まれていることを突き止め、

コミカンソウ
紅色を帯びた茎が特徴の一年草。高さは10〜40㎝。日本では関東地方より西の地域に広く分布している。そのほかにも韓国や中国南部、東南アジアなどで見られる。

それに大手化粧品メーカーが注目。日焼け止めクリームに利用して発売すると、押しも押されもせぬ大ヒット商品に。渡邊の努力が実を結んだ瞬間だった。

さらに渡邊は新たな挑戦にも取り組む。リンドウの産出地であるネパールの人々が植物の栽培で収入を手にできるシステムをつくった。植物の調査・研究だけでも忙しいはずなのに、なぜこのような仕組みを確立しようと考えたのか？　その背景には一つの衝撃的な体験があった。

ネパールの寒村を訪れたとき、少女の手を引いた一人の男が渡邊に声をかけてきた。

「あなたの財布と、この娘を交換してくれませんか？」

思わず耳を疑った。人間の価値がこんなにも低いなんて……。この寒村に暮らす人々もまた、人生の冬にさらされていたのだ。

「これはなんとかしなければいけない！」

渡邊は決意を胸に、村人たちにリンドウの栽培方法を教え、収穫物を日本の化粧品メーカーが買い取るシステムを構築。村は笑顔を取り戻した。

「植物の力を借りれば人を笑顔にできる」

プラントハンターとしての生き方が決まった。

リンドウ
紫の花を咲かせる多年生植物。日本の四国や九州でも自生している。園芸植物として古くから栽培され、根茎は生薬の原料としても重宝された。

すぐには成果が望めないときでもくさらず行動する

渡邊は今、植物の力を借りて人々を幸せにする取り組みを日本でも行っている。その舞台が四国・高知県。1人当たりの県民所得（２００９年度）が全国最下位で、特に山村部では経済的に厳しい状況が続いている。しかし、実は全国有数の植物王国であり、日本に自生する７０００種の植物のうち、実に３０００種が生息する。

渡邊は県内全域を歩き回り、５００もの植物を採取し、一つひとつ成分を調査した。そうして足かけ5年、人に有効だと思われる植物を３５４種リストアップした。その中でも特に有望だと渡邊が考えているのは「クロモジ」という低木。胃腸の働きを整え、高ぶった神経を落ち着かせる成分が含まれていることがわかっている。

「このクロモジをどうにかして地域活性化に使えないものか」

頭をひねる渡邊に地元のお茶組合が協力を申し出た。若年層ほど緑茶の消費量が落ち込むという現実に危機感を持ち、新たな商品を打ち出せないかと考えていたのだ。早速クロモジとお茶をブレンドしてみる。しかし、どうも緑茶とは合わない。試行錯誤の結果、紅富貴《べにふうき》という品種の紅茶と合わせるとおいしく飲めることがわかった。時間がかか

渡邊は植物の見た目だけでなく、においなどにも注目しながら、その特徴を見極める。

県民所得
各地域の経済状況を示す指標。内閣府が毎年公表している。２００９年度の統計ではトップが東京、その次に神奈川、愛知が続く。08年度まで沖縄が20年連続で最下位だったが、09年度に高知と順位が入れ替わった。

っても、地道な取り組みは確実に成果を出していく。

さらに渡邊はもう一つ手を打つ。高知県の農村では、後継者不足などから休耕田が増えている。そこをクロモジの栽培地として活用し、地元農家の新たな収入源にしようと考えた。

ただ、この試みもすぐに大きな成果が出るものではない。

「植物の力を借りているので、**すぐに物事を達成することは難しい。一歩一歩確実にステップを踏んでいく必要があります。**それは根気のいる作業ですが、植物がなくならない限り、私がこうした取り組みを投げ出すことはありません」

長い人生、常に「わが世の春」というわけにはいかない。ときに世間の冷たい風にさらされ、寒さに凍えることもあるだろう。しかし、どんなに冬が長く続こうとも、その後には必ず春がやってくる。そして、冬の間にどれだけ地道に栄養を蓄えたかで、春に咲く花の大きさが決まる。

たとえ先が見えなくともくさらず、今できることを少しずつ積み重ねていこう。その誠実な姿勢こそが、大きなチャンスがやってきたとき、すべての力を爆発させるための導火線となる。

クロモジ
クスノキ科の落葉低木。本州、四国、九州などに分布する。かつては香料や化粧品などの原料とされており、現在は生薬の原料や爪楊枝としての需要が少しある。

チーフプロデューサー 黒岩亜純の「眼」

世界の秘境を歩いて、約700種もの植物を採取してきたプラントハンターは開口一番、こう語りかけた。

「私は人を見ると、植物に見えるんです」

　およそ大学教授とは思えぬ言葉に私がたじろいでいる間にも、話は続いていく。

「私には友だちがいっぱいいるから強いんですよ」

　友だちって？　そう、人間ではなく「植物の友だち」のこと。なんでも、植物の世界に生きるとストレスがないらしい。人間関係についても、「人ではなく、植物とつき合っていると思えばいいんです」と語る。なるほど……。そんな渡邊さんだが、人間関係について少し苦手意識を持つ部分もあった。実は「人間を育てることから逃げてきた」らしい。

　でも、私の目には学生たちの〝伸びる力〟にうまく〝水やり〟をしているように映る。例えば、あるときは、学生たちが想像する未来の自分を聞き出し、それをホワイトボードに書き出していた。想定の年齢と、その時点で何をしていたいのか。こうすると、学生たちが目指す人生が整理され、今後どうすべきかがクリアになる。このホワイトボードの写真は、学生たちへのプレゼントだ。

「彼らは勉強ばかりしてきたせいか、将来何がやりたいのか、どうしたらいいのか、わからないんです。だから、ともに歩きながら、じっくりと時間をかけて、彼らの強みを見つける。折に触れて『君、おもしろいね』なんて声をかけると、すくすくと育つ。10年後が楽しみですね、どんな人生を送っているか」

　渡邊さんは目を輝かせていた。

　最後に愚問とは思いつつ、こんな質問を投げかけた。

「ところで先生、私はどんな植物に見えますか？」

「うーん。それはまた、ちょっと後でね……（笑）」

　答えはすぐにはもらえなかった。「自分は一体どんな植物なのか？」。その問いが頭から離れない。渡邊さんの不思議な世界に自分も入り込んでいた。

Episode 17

発明は求められてこそ

求められてこそ

自分の考えに自信を持って行動しているのに
誰も興味を持ってくれない。懸命に努力した割に
周りからの評価はイマイチ。つまずきの原因は何だろう。
努力不足？　運が悪かっただけ？　いや……、
独りよがりな姿勢に原因があるのかもしれない。

ナルセブレーキの生みの親

ナルセ機材　社長

鳴瀬《なるせ》 益幸《ますゆき》 さん

アクセルとブレーキの踏み間違いによる事故の多発を受けて、新しいペダルを構想する。試行錯誤の末、アクセルとブレーキが一体となった「ナルセペダル」を開発し、事故のリスクを軽減させる。一般の乗用車だけでなく、タクシーなどにも活用され、現在は日本をはじめEUや韓国など計7か国で特許登録されている。

誰もやらなければ自分が！　その気持ちが課題を解決する

仕事でも人間関係でも相手が本当に求めているものを与えることができれば、大抵の場合、喜んでもらえる。**相手のニーズに応えることで笑顔を引き出し、その笑顔があなたのモチベーションにもなる。**

熊本県で小さな鉄工所を経営する鳴瀬益幸も、愚直なまでに人々の求めに応じてきた。望み通りのものをつくるために腕を磨き、工夫を凝らし、新しいアイデアを生み出している。そうして取得した特許は50以上。

そんな鳴瀬が画期的な自動車部品を生み出した。その名も「ナルセペダル」。アクセルとブレーキが一体化したこのペダルは踏むとブレーキがかかり、右側面のレバーを足で横に押すと加速する。踏み間違いを防ぐ「魔法のペダル」としてNYタイムズでも大々的に紹介され、7か国で特許を取得した。

これまでアクセルとブレーキを踏み間違えるトラブルは年間約6000件も発生しており、死亡事故につながる場合も多い。実は鳴瀬も同じような体験をしている。バックで車道へ出ようとし、踏み間違いで大暴走してしまったのだ。

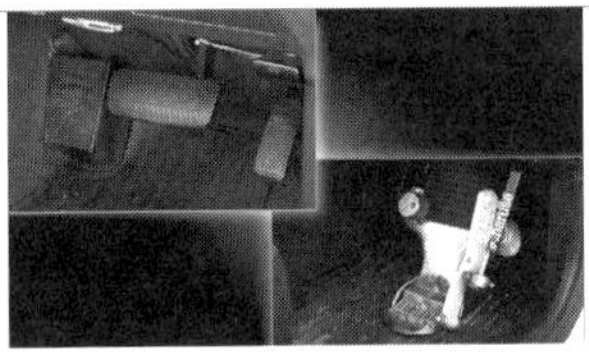

左上が従来のアクセルとブレーキ。右下がナルセブレーキ。アクセルとブレーキが一体となっており、踏み間違いによる事故を防げる。

「もう20年以上前に起こした事故ですが、いまだに思い出すほどトラウマになっています」

この操作ミスは老若男女誰にでも起こり得る。なぜなら、人はパニック状態になると、とっさにペダルを踏み込んでしまうからだ。頭も体もすぐには「踏みかえる」という動作に対応できない。

「それなら一番危ない〝アクセルを踏む〟という行為をなくそうと考えました」

自分が感じた恐怖を味わっている人は大勢いるはず。鳴瀬が行動を起こす上で、それ以上の理由は必要なかった。

「さまざまな課題が出たときに〝何とかしよう！〟と思う気持ちは強いです。誰もやらなければ私がしようって。ドン・キホーテになりましょうということですね（笑）」

鳴瀬は朝も晩もなく図面を書き続ける。求められるものを実現していくために。

誰かの思いに応じることでイノベーションは生まれる

人から頼まれれば何でもつくる。

それは熊本県玉名市で鉄工所を始めたときから身についている鳴瀬の習慣だ。彼の発

ドン・キホーテ
スペインの作家ミゲル・デ・セルバンテスの小説。自分のことを伝説の騎士と思い込んだ下級貴族が世の中の不正を正すために旅に出る。

明品に海苔の自動摘み取り機がある。これを使うことで生産量は格段に上がり、玉名市は国内屈指の生産量を誇る。地元の漁師たちは「神様のような人だよ」と称える。鳴瀬もこの成功体験で確信を得た。

「発明は求められてこそ」

その信念の下、新型ペダルの開発に挑んだ鳴瀬はポイントを一点に絞る。

「踏む動作はブレーキだけにして、加減速については暴走の原因となるアクセルペダルを踏む以外の方法にできないか」

ヒントになったのは電子オルガン。足元にはたくさんのペダルがあるが、音色を変えるペダルは足を横に押すことで動かす。この動作をアクセルに応用した。

「人間の足はもともと17〜18度くらい横に向いている。32度くらいまでは力を抜いたら楽に開くんです」

鳴瀬のペダルは足の開きに沿って設計されているため、アクセルの動作が負担にならない。ブレーキをかけるときはそのままペダルを踏み込めば同時にアクセルも外れ、急ブレーキをかける際に有効だ。さらに空走距離をなくすことにもつながる。

アクセルとブレーキが隣同士で同じ方向に踏むという仕組みは、およそ240年前に

鳴瀬が発明した海苔の自動摘み取り機。漁師たちの手間を減らし、生産量アップに貢献している。

空走距離
ドライバーが危険を察知してからブレーキを掛けるまでに車が進む距離。時速40kmの場合、空走距離は10m以上にもなる。

自動車が誕生して以来の常識。それを覆すナルセペダルは、25年もの歳月を経て、ようやく完成にこぎつけた。

たくさんの人を幸せにするために労を惜しまない。その姿勢は長年の常識をも打ち崩す力を秘めている。

周囲の切なる声に耳を傾けてアイデアの実現につなげよう

鳴瀬が開発したナルセペダルは今、たくさんの人の役に立っている。

ある女性は鳴瀬と同じようにアクセルとブレーキを踏み間違えて塀に激突した体験を持つ。幸い軽傷で済んだものの運転に対する恐怖心がなかなか拭えず、高速道路を利用することができなかった。

そんな彼女がナルセブレーキを購入し、いざ高速道路へ。最初は緊張の面持ちだったが、次第にスピードを上げ、無事に高速道路での運転を成し遂げた。女性は感謝を口にしながら、次のような言葉も伝えた。

「改良に改良を重ねて、もっといいものをつくってもらいたいと思います」

ナルセペダルでは、足を横に傾けることでアクセルを動かせる。また、ブレーキを踏み込むと同時にアクセルも外せる。

その要求は鳴瀬にとって喜びであり、彼を新たな挑戦へと駆り立てる。

あるときは、東京のタクシー会社から依頼を受け、ナルセペダルを取りつけた。これにより高齢化が進むドライバーの事故を未然に防ぐことができる。また、右半身不随になった男性が使う電気自動車にもナルセペダルを取りつけ、左足だけで運転できるように改良を加えた。

「たくさんの人が喜んでくれることが一番！」

鳴瀬は笑顔を浮かべてそう語る。そして、一人でも多くの人を笑顔にするために今日もアイデアを練る。※

あなたも取り組んでいることに行き詰まったとき、がんばる気力を失ったとき、他者の立場に立って物事を考えてみてはどうだろうか？

この世にはたくさんの願いが渦巻いている。

「こんなものがあったら本当に助かるのに」

「私たちの悩みを解決してくれるものはないか」

そんな切なる声に耳を傾ける人こそ、誰も考えつかなかったアイデアを実現することができるだろう。

※熊本県にある寺原自動車学校、愛知県にある江南自動車学校では、ナルセペダルを取りつけた車が高齢者講習で使われるようになった。両県でもブレーキとアクセルの踏み間違い事故が多発しており、事態を重くみた教習所がナルセペダルを採用。愛知県では、県警の関係者も高齢者講習の視察に訪れた。ナルセペダルに対しては海外からも熱い視線が注がれており、外国人が鳴瀬の工場に車で訪れ、ナルセペダルを装着して帰っていったこともある。

チーフプロデューサー 黒岩亜純の「眼」

〝発明王〟鳴瀬さんの発想力が最も高まるゴールデンタイムは、なんと「夢を見ている間」だという。

夢で見たイメージは、早朝、目が覚めたら一気にメモする。まるで神の啓示を受けたかのごとく、そのひらめきは舞い降りてくるそうだ。これと似たような話を、知人のディレクターから聞いたことがある。某番組の原稿を書いていたとき、放送日が刻一刻と迫るなか、数日間悩んでいた構成が、夢を見ている間に一気に頭の中にあふれ出てきたらしい。その通りに番組をつくったら、驚くほどおもしろい内容になった。

こんなおとぎ話みたいな話が現実になるのは、それだけ仕事に真摯に対峙しているからこそ。鳴瀬さんも、寝ても覚めても仕事のことが頭から離れないに違いない。本人に話を聞いていると、そう合点がいった。なにしろ人の何倍も日数をかけ、何倍も集中して答えを出そうと、相当な執着心を持って考え続けている。当然、そのプロセスは苦しい。でも、自分が問題を放置してしまったら、もっと苦しむ人が出てしまう。世のために、決してあきらめられない。

鳴瀬さんは成功の秘訣をこう語る。

「大きなことを考えなくてもいい。何でもいいから、小さなことを成功させることです」

私が、鳴瀬さんの工場を一度見学したときのこと。途中で手掛けた試作品が所狭しと置かれていた。床には金属製の2つの球状の塊が磁石のようにくっついて転がっており、それを拾いながら鳴瀬さんは意気揚々と語った。

「これは原子力や火力に代わる、次のエネルギー源になるんです。まだ誰も相手にしないですけどね」

かつて、ナルセペダルが誰からも相手にされなかったときのように、この発明もまた批判の風雪に耐えながら、苦難の道のりを歩むことになるのだろうか。でも、鳴瀬さんの「あきらめない精神」で、皆をあっと驚かせるものを生み出してくれるに違いない。

Episode 18

プロジェクトマネージャーは、プロジェクトのために自分を捨てる

自分を捨てる

自分のアイデアや判断に自信を持って行動することで、
結果がついてくる場合は多い。
だが、自分の考えを貫くだけでは行き詰まる恐れも……。
ときには自分を捨てることで新たな道が拓けてくるかもしれない。

画像提供：国立天文台

世界No.1の電波望遠鏡で宇宙の謎に挑む

国立天文台　教授

井口《いぐち》　聖《さとる》 さん

専門は電波天文学。2001年1月より国立天文台に採用され、同年4月より国際共同プロジェクト「アルマ望遠鏡計画」に参加。その後、日本が分担する観測装置の設計開発及び製造の統括責任者となり、2008年5月からは東アジア・アルマ・プロジェクトマネージャーを務め、世界中の仲間とともにアルマ望遠鏡を完成させた。

自分のプライドを捨て解決策を模索する

南米チリのアンデス山脈に66台の巨大なアンテナ群が並んでいる。世界最高性能を誇る電波望遠鏡「アルマ」だ。これは日本を含む20の国と地域が結集した国際プロジェクトによって建設されたもので、参加国が共同で運用と観測を行う。研究グループは地域ごとに3つに分かれ、東アジアグループのプロジェクトマネージャーを務めるのが井口聖。彼はアンテナ施設に足を踏み入れ、感慨深げに語った。

「アルマは時間をかけて世界中の科学者が一緒になってつくった作品だ」

建設が始まったのは2003年2月。しかし、プロジェクトの起工式で日本の国旗を見ることはできなかった。建設予算250億円の承認が遅れたためだ。日本アルマグループは今後の予算承認を見越し、会議への出席を続けた。だが、ときには「正式に予算が承認されていない日本は、この会議室から退出してほしい!」と厳しい言葉を浴びせられることもあった。2年遅れで予算は承認され、日本はようやく正式な参加国となる。ところが先に検討を進めてきた欧米の計画に日本が加わる形になったため、対等ではない部分が残ってしまった。それでも井口は情熱を失わない。その理由について「私、へ

アンデス山脈
南アメリカ大陸の太平洋岸に連なる大山脈。その距離は南北8000km以上で、チリのほかアルゼンチン、ボリビア、ペルーなどにも及ぶ。アルマが建設されたのは、標高5000mの砂漠地帯。

こまない性格なんですよ」と笑顔で語る。

「怒鳴られているときも、次やるべきことを考え始める。どうやったら成功するかと、物事を真剣に捉えていく。その過程では自分が罵倒されたことなんて、まったく気にならない。**むしろ、プライドなんかすぐに捨てた方がいい。**そんなもののために仲間を路頭に迷わせるわけにはいかないですから」

井口にとってはプロジェクトの成功が第一。だからこそ変なこだわりは持たず、打開策を考え続ける。その姿を見ていると、前述の言葉からこんなメッセージも読み取れないだろうか。〝今一番にやるべきことを見極め、そこに全力を注ぐ〟。

井口は信頼を勝ち取るための方法をすでに頭に描いていた。それは決して画期的なアイデアなどではなく、仕事や勉強に取り組むすべての人がクリアしなくてはいけない課題。つまり、スケジュールを厳守すること。井口は「着実にやれば形勢逆転のチャンスはある」と考え、スケジュールを必ず守った。そして、日本のアンテナは確かな性能を発揮し、やがて欧米を抜き去り、アルマが採用するアンテナ第1号に選ばれる。その功績を称え、当時のアルマ所長であるタイス・ドゥフラウ氏はこう語った。

「2年遅れで参加した日本が一番になった。だから、もう我々は一つだ」

アルマ
宇宙空間で天体や物質が発する微弱な電波を受け止める世界最大の電波望遠鏡プロジェクト。巨大なアンテナを66台つなぎ合わせることで、山手線の範囲に相当する巨大アンテナの役目を果たす。直径12mのアンテナが54台、7mのアンテナが12台（7mのアンテナはすべて日本製）。世界最高を誇るその性能を人間の視力に置き換えると約6000。大阪に置いた1円玉を東京から見分けることもできる。アルマには、銀河の誕生、惑星の誕生、そして生命の起源を探るという、3つの目的がある。

井口はプロジェクトマネージャーとしての役割を見事に果たした。

仲間に大切な役目を任せることで道が拓けてくる

2013年。10年の建設期間を経て、アルマはついに開所式を迎え、その性能を100%発揮させるための装置も披露された。その中には、アルマで最も観測周波数が高い「バンド10」という電波（サブミリ波）の受信機があった。これをアンテナに組み込むことでアルマの能力は人間の視力にして約6000になる。「バンド10」の受信機を開発したのも井口がリードした日本アルマチーム。だが、高度な技術が求められるため、建設当初から実現が疑問視されていた。井口は「日本の力で不可能を可能にしてみせる」と意気込んだが、受信機の開発は別の人間に任せた。

「自分は、開発担当者ほどの能力はない。だから、やらない。プロジェクトを成功させるために、より専門性が高く、優秀な人に仕事を任せることが何より大事。だから、どんなに自分がやりたいと思っても、**プロジェクトマネージャーは、プロジェクトのために自分を捨てないといけないんです**」

標高5000mの砂漠地帯に並ぶ巨大なアンテナ群。日・米・欧が同じ規格で製造した。

自分の能力と立場を冷静に見極め、仲間を信頼して重要な仕事を任せる。その姿勢は開発担当者を奮い立たせ、難しいミッションを前進させていく。バンド10の受信機は300回以上の試作を行い、5年もの歳月を費やした後に完成をみた。参加国の科学者たちはその技術力に驚嘆するも、井口は冷静さを失わない。

「開発担当者の能力からすれば70点ぐらいだったのでは？　スケジュールに余裕があったら、彼らならもっとすごい性能のバンド10受信機を開発したはず」

そして、「目標達成のためにプレッシャーをかけたこともあった」と打ち明ける。

「それで悩んだ人もいたと思います。でも、自分の評価が悪くなってもプロジェクトを進めることの方が大事。我々がたくさんのお金を使わせてもらっているのは、おもしろい科学的成果をたくさん生み出すことが期待されているから。アンテナや受信機をつくったところで満足するのではなく、そこからが勝負なんです」

夢に対して純粋であるからこそ、いろいろな方法を考えられる

井口の決意に応えるかのように、アルマは大きな発見を果たす。

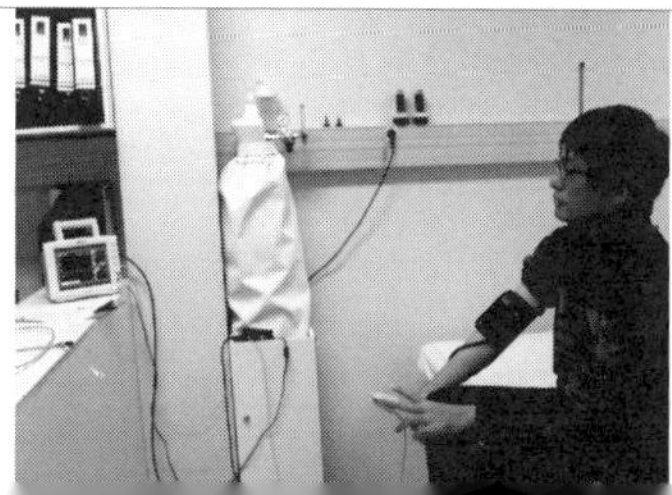

アンデス山脈にある研究施設に向かう前には、健康診断が欠かせない。酸素マスクを持っていくこともある。

観測の初期段階で、惑星がつくられつつある領域で糖類の分子が見つかったのだ。それは生命に密接に関連する物質。いわば、生命の起源に迫る観測結果である。

「生命の起源が宇宙空間にあることがわかれば、我々と似たような生命が宇宙に存在する可能性が出てきます。それを科学的根拠のもとに証明してみたいし、何よりもまっ先に自分がこの目で確かめたいと思っています」

未知への憧れと期待感。

その二つを持ち続けているからこそ、井口はいつも前向きで、どんな状況でも好転させることができる。

自分のこだわりや強い意志を持って努力を続けている人ほど「自分を捨てる」という言葉に引っかかるかもしれない。しかし、それは決して自分の夢を捨てることではない。むしろ、**夢の実現にどん欲であり続けるからこそ、一つの方法にこだわることなく、仲間に頼ることもできるのだ。**そうして手にした成果は、あなたの心に大きなやりがいをもたらすだろう。

今、アンデス山脈で目を輝かせながら宇宙の謎を追い求めている井口の表情が、そのことを何よりも雄弁に物語っている。

日本の研究チームが開発した「バンド10」の受信機。その精度の高さは、ほかの参加国を驚かせた。

チーフプロデューサー 黒岩亜純の「眼」

日本全国の小・中学生を相手に講演を行う井口さんから、こんな気になる話を聞いた。

「小学生と接すると『日本の未来は明るい』と思うんですが、中学生以上に向けて講演すると『あれ？　あの元気はどこへ行った？』と感じるんです」

小学生からは質問攻めにあうが、中学生になると手を挙げる生徒が一気に減るそうだ。そこで感じるのは目立つことへの恥ずかしさと、小さな妬み。一方、井口さんが活躍する国際舞台では、自分の意見を主張し、相手の意見を聞く。そして、体を張らないといけない場面も多い。

「小さい頃から空気を読むのが下手で、周りを気にせず発言することも多かったです」

しかし、その個性があったからこそ、世界の天文学を支えるキーパーソンの一人となっている。井口さんは今、国際舞台で日本人特有の気質を打ち破るために、あることを試みている。ときに激しい議論の応酬が繰り広げられる国際会議。主張すべきことは思いついた瞬間に発言しないと、議論はどんどん先へ進んでしまう。会議の終盤、議論がまとまろうとしているときに懸念をぼやいても、誰も聞く耳を持ってくれない。日本人は、そんな場面によく直面する。だが、井口さんは違う。相手に負けじと日本の主張を展開し続ける。

「馬鹿にされて、陰口もたくさん言われました。でも、周りの目を気にしていては、日本の天文学の先行きは暗い。自分たちが成功しないと」

研究者としての本音を言えば、宇宙の壮大なる謎を解明することに没頭したいのではないだろうか。だが、プロジェクトを軌道に乗せる役目をあえて選んだ。プロジェクトマネージャーとしての使命感が重くのしかかろうとも、確固たる信念は変わらない。

「空気を読むだけでは、単なる〝世渡り上手〟に過ぎない。それでは決して世の中は変えられない」

井口さんの一言が痛烈に心に響いた。

ドリームメーカーたちの活躍を動画で確認！

TBSのホームページでは、
過去に放送した番組のダイジェストを
ご紹介しています。

Episode 14

東京大学　先端科学技術研究センター
准教授
巖淵　守さん
（2013年7月28日放送）

Episode 15

ソニーコンピュータサイエンス研究所
アソシエイトリサーチャー
遠藤　謙さん
（2012年11月11日放送）

Episode 16

高知工科大学　教授
渡邊 高志さん
（2013年5月12日放送）

Episode 17

ナルセ機材　社長
鳴瀬 益幸さん
（2012年12月9日放送）

Episode 18

国立天文台　教授
井口　聖さん
（2014年1月12日放送）

※QRコードをスマートフォンやタブレットのQRコードリーダーで読み取ることで動画をご覧いただけます。パソコンでご覧いただく場合は、「夢の扉＋」公式ホームページ（http://www.tbs.co.jp/yumetobi-plus/）にアクセスしてください。
※お使いのスマートフォンやタブレットにQRコード読み取りアプリがない場合、上記QRコードから動画をご覧いただくことはできません。QRコード読み取りアプリをインストールするか、「夢の扉＋」公式ホームページにアクセスしてご覧ください。
※フィーチャーフォンには非対応です。フィーチャーフォンで上記QRコードを読み取っていただいても動画をご覧いただくことはできません。

5章

マンネリから逃れられない

永遠に色あせない。
――そんなものが本当にあるのだろうか？
自分の生きがいとして情熱を注いでいた仕事や研究も、
それが日常になると当初の魅力は薄れていく。
そして、退屈な毎日に陥り……。
どうすれば、そんな状況から決別できるのか？
マンネリとは無縁の毎日を送る6人の姿が、
あなたに勇気を与えてくれる。

Episode 19

「今日は昨日と何も変わっていない」「このままでいいんだ」

日々の生活の中で、そんな気持ちが頭をもたげる。

でも、本当にそうだろうか？

自分の周囲に向けるまなざしをほんの少し変えるだけで、
解決すべき問題が姿を現す。

問題がないのではなく見えていないだけ

「奇跡のテスト」で教育現場を救う

早稲田大学　教育・総合科学学術院　教授

河村《かわむら》 茂雄《しげお》 さん

公立学校で15年間、教員・教育相談員として経験を積む。教育現場に蔓延するいじめや学級崩壊などの問題を解決するため、心理検査「Q-Uテスト」を開発。学校生活に関する数十個の質問でクラスに潜む問題の芽や、子どもの心に隠された悩みを浮き彫りにする。全国を飛び回り、学級づくりに関するアドバイスも行う。2008年より現職。

日常に潜む問題の芽、それを明らかにするには？

職場、家庭、恋人同士、友人関係……。そのいずれにも問題は存在し、変化の兆しは潜む。だが、人の気持ちは見えにくい。

もし変化に気づいたとしても、自ら目を逸らそうとする。毎日の忙しさに余裕を奪われて、「このままでいいじゃないか」という安易な気持ちに流されてマンネリに陥る。そして、無視できない問題や変化が表面化したときに愕然とする。子どもたちが通う学校もそんな場所だ。

先生の言うことをきちんと聞き、授業がつつがなく進んでいれば、「問題なし」と多くの教師は安心してきた。しかし、現実は違う。学級崩壊、いじめ、不登校など、学校が抱える問題は年々深刻化。心が折れ、現場を去る教師も増えている。そんな現状の中で脚光を浴びるのが「Q‐Uテスト」という心理テストだ。開発者は、教育問題のスペシャリスト、河村茂雄。

「子どもが『辛い』と言わなければ、『問題ない』ということで終わってしまう。しかし、問題がないのではなく見えていないだけなんです」

学級崩壊
学級での集団教育が成立しない状態が一定期間継続し、学級担任による通常の手法では問題解決ができない状態を指す。その要因は、学級担任の指導力不足、学校の対応の問題、子どもの生活や人間関係の変化など、さまざま。日本では1999年頃から問題が深刻化し、文部科学省が大規模な聞き取り調査を実施している。

Episode 19

　そう語る河村は、教育の世界に足を踏み入れて、すでに30年以上。しかし、彼の視線はいつも子どもたちの日常に向けられている。

「日本は学級集団を単位に授業や活動を展開していきます。ほとんど同じメンバーと一緒にいるため、その関係性の良し悪しは子どもにとってものすごく大きな影響を与えます。それなのに運任せにしてしまっていいのかと言いたいんです」

　自ら問題を見つけようとする彼の原点は、小学校の教員時代にあった。

「教師は気楽な仕事」

　当時22歳だった河村はそんな気持ちを持っていたが、クラスは大荒れ。自らの甘さを恥じ、生徒と全力でぶつかる。すると、次第に絆をつむぐことができた。

だが、幸福な日々は25歳のときに突然、断ち切られる。膵臓の病気で緊急入院、医師から「40歳までの命」と告げられた。

「正直、かなりへこんでいて……。〝もうだめだな〟と思っていました」

　そんなとき、クラス全員が駆けつけてくれた。冷たい風が吹く12月の日没、自転車で1時間もかかる病院まで、河村の好物の焼き鳥を携えて。

「それまで私は、子どもに勉強を教えたり、土曜日の夕方遅くまで一緒に遊んだりして

Q-Uテスト
河村が長年の調査・研究を積み重ねて開発した心理アンケート。子どもたち一人ひとりの学校生活に対する満足度や意欲を数値化し、分布図に置いていくことでクラスの状態がわかる。ベテラン教師ですら見落としてしまうような、いじめや不登校の兆候を早期発見できる。テストの所要時間は約15分。現在、年間450万部発行され、全国の小・中・高校で活用されている（写真は中学校用）。

彼らを支えているつもりだった。でも、私も子どもたちに支えられていて、一緒に育っていくんだなって。改めて教師という仕事のすばらしさを実感し、何とか気持ちを持ち直すことができて……、今でも鮮明に覚えています」

生徒たちから生きる力をもらった河村は「余命を子どもたちのために使おう！」と決意。病床から復帰して、今まで以上に情熱を注ぐ。子どもたちのちょっとした変化、先生たちの何気ない行動にまで気を配るようになる。まさに目には見えない問題を見つけようと。その姿勢がQ-Uテストの誕生につながった。

何気ない会話から問題を感じ取る

ある日、河村が学校を回っていたとき、クラスの雰囲気に違和感を覚えた。

「自分より10歳以上若い先生たちに『雰囲気が何となく悪いのがわからない？』と質問したのですが、彼らは『わからない』と言うんです」

問題の芽にいち早く気づいた河村。問題を感じ取ることができなかった若手教師。

教育現場では長年、経験主義が幅を利かせてきた。だが、時代が流れるにつれて、学校が抱える問題は複雑になり、生徒の価値観も多様化。一方、多くの教師は日々増えていく仕事に追われ、「問題はない」「うちのクラスは大丈夫」と目を逸らす。次第に、原因が見えづらくなり問題に対処できなくなっていく……。

――この「何となく」という漠然とした状況を的確に伝えるためにどうすれば？

その思いがＱ‐Ｕテストをつくるきっかけとなった。河村は３００項目ほどの質問をつくり、８０００人の子どもからデータを集め、徹底的に分析。すると、問題のあるクラスとそうでないクラスでは、数値のばらつきに明らかな違いが生まれた。

河村が胸に抱いていた思い、若手教師にうまく伝えられなかった微妙な変化、それを測る物差し、Ｑ‐Ｕテストが誕生した瞬間だった。

他者への思いやり、それこそが問題発見の第一歩

状況を分析し、問題の原因が明らかになると、そこで足を止め、安心してしまう人も少なくない。しかし、河村は違った。

「問題が整理できたということは対応方法が考えられる！」

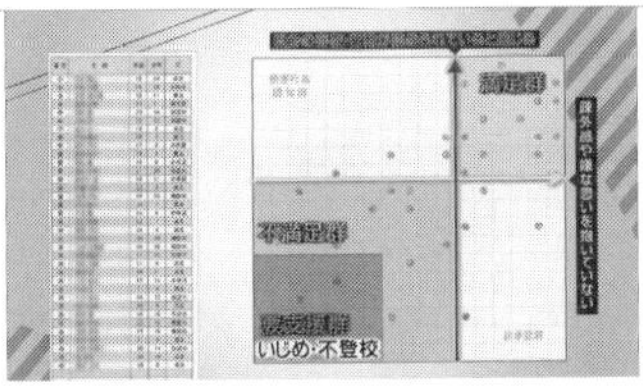

Ｑ‐Ｕテストの結果をまとめたグラフ。右上が満足群で、左下が不満足群。後者が増えると学級経営に支障を来たすようになる。

現場の改革に乗り出し、Q-Uテストを活用した学級づくりをアドバイスするために全国を飛び回る。授業を見学し、勉強中のみならず、運動中の子どもたちの表情も読み取る。テストの結果が悪くなくても、「改善の余地あり」と判断することも。その鋭い視線は先生にも注がれ、授業の進め方などをアドバイスする。

「心の教育が大事と言われていますが、一番大切な心の教育は、先生たちが活気づいて教育に向かい、子どもたちと関わる姿を見せていくこと。先生たちが元気でなければ、それを見ている子どもたちは意欲なんて湧いてきません」

この情熱はどこから湧いてくるのか？　若くして「余命」を強く意識したことが関わっているのかもしれない。だが、それはきっかけの一つに過ぎない。

〝子どもたちのために、先生たちのために！〟

河村の情熱はいつも周りを笑顔にすることに注がれている。そこにこそ、自ら問題を見つけるためのヒントが隠されている。

仕事仲間、家族、恋人、友人……。自分と関わる人は今、どんな顔をしているか。明るかった表情に影が差していないか。些細な変化を見逃さず、その理由を考える。そうすれば、代わり映えしなかった日常に潜む「問題」が見えてくることだろう。

河村は日本全国を飛び回り、Q-Uテストを活用した学級づくりをサポート。さらに、教職員向けの講演も積極的に行う。

チーフプロデューサー 黒岩亜純の「眼」

突然、音楽の話になるが、私のような素人がオーケストラの演奏を聴きに行っても「指揮者と団員の呼吸が合っていなかった」などという会話にはついていけない。ただ、プロが見れば、一糸乱れずにすべての楽器の響きが絶妙に折り重なっているかは一目瞭然だろう。「実は、教室の中の先生と生徒の関係も同じなんですよ」と河村さんは言う。

指揮者である先生が強引に引っ張っていても、生徒がついてこない場合がある。教室の雰囲気が表向きは整然としていても、実は学級崩壊の一歩手前なんてことも珍しくない。河村さんのQ－Uテストは、そんな一見まとまっているクラスの中から、要注意のケースを見つけ出すというから驚かされる。

では、問題のあるクラスから、理想のクラスとなるためには何が必要なのだろうか？　河村さんはこう話す。

「一つひとつの楽器はバラバラのようでも、一緒に合わさると美しいリズムとハーモニーをつくり出す、まさに良質のジャズのようなグループが理想です。クラスに例えると、生徒一人ひとりの個性が尊重され、能力も発揮され、クラス全体が輝いている状態です。目指すべきは強制されたオーケストラではなく、個性が発揮されるジャズグループなんです」

こうした美しいメロディがクラスの中で流れているかどうか、Q－Uテストは見破ってしまう。今、河村さんの下には、企業からもQ－Uテストの診断要請が来ているそうだ。一見、まとまって見える会社でも、実は内部はガタガタ。そんな学級崩壊ならぬ、会社崩壊の状態では話にならない。「子どもの教育こそが大切！」と謳うならば、まずは大人の社会が瓦解しないようにしなくては。

河村さんの研究室を去るとき、「まずは自分の職場の状況を考えねば」と思いを巡らせながら帰路についた。

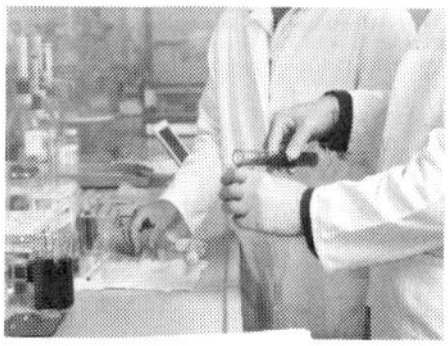

Episode 20

「このままでいいんだろうか……」

そんな不安が頭をよぎることは誰しもある。

でも、どうすればいいのかわからず、いつまでも立ち止まったまま。

まずは一歩踏み出そう。そこからすべてが変わる。

リスクを取らなければイノベーションは生まれない

新薬を開発して
失明から患者を救いたい！

アキュセラ社　ファウンダー兼会長

窪田《くぼた》　良《りょう》 さん

慶應義塾大学医学部を卒業後、同大学大学院に進み、緑内障の原因遺伝子「ミオシリン」を発見。その後、臨床医として経験を積み、2002年にアメリカでバイオ系ベンチャー企業を設立。世界で1億人以上の患者がいると推定される眼病「加齢黄斑変性《かれいおうはんへんせい》」のドライ型末期の治療薬候補を開発するため、日夜、研究に打ち込む。慶應義塾大学医学部客員教授も務める。

成功確率が0％でない限り、チャンスは必ずある

「目のアルツハイマー」と呼ばれる病気がある。その名は「加齢黄斑変性」。

視界の中央が歪んだり、欠けて見えなくなり、放置すると失明に至る恐れがある。発症率は年齢を重ねるにつれて高まる。今のところ、画期的な治療法が確立していない恐ろしい病気だ。

欧米では50代以上の失明原因のトップを占める。患者は世界で約1億2700万人。この難病の末期患者を対象に、手軽な飲み薬で治療する画期的な方法の開発に取り組んでいるのが、眼科医から起業家に転身した、窪田良だ。今まで誰も治せなかった難病を新しい薬で克服するために、アメリカ・シアトルで会社を立ち上げ、24時間を新薬開発に捧げる生活を送っている。

「世界を変えたい。そのためには何でもやる！」

その決意は固い。だが、窪田の前には、想像を絶する高い山が行く手を阻むようにしてそびえる。

通常、新薬の開発は、初期段階の研究期間だけで約3年を要する。

加齢黄斑変性

中心視力の低下を引き起こし、深刻なケースにおいては中心視力が喪失する網膜疾患。早期の「ドライ型」を経て、そのまま末期型の一つである地図状萎縮という症状を引き起こし徐々に失明に向かうケースや、急激に視力を失う「ウェット型」（末期型の一種）に移行するケースなどがある。ウェット型には治療薬として注射剤があるが、現在、ドライ型加齢黄斑変性の治療薬としてFDA（米食品医薬

その後、マウスやヒトでの前臨床・臨床試験を経て、認可を受けるまでに12年以上。新薬の種となる最大3万個にも上る化合物の中から最適な一つを見つけ出す作業を何度も繰り返す。

「成功の確率は3万分の1」

そう言われたとき、あなたならどう考えるだろうか？

「できないリスクの方が圧倒的に高い」

「無理だ、あきらめた方がいい」

そう考える人の方が賢いのかもしれない。けれど、それで道は拓けるだろうか。挑戦する意味はないのだろうか。

「0じゃなくて1なんだから、確率があるじゃないか」

笑みを浮かべながらそう語る窪田の言葉にヒントが隠されている。

リスクの中に潜む可能性を見出す

窪田の〝世界を変える〟という自信には裏付けがある。

かつて母校の慶應義塾大学医学部で、ヒトの遺伝子研究チームに所属していた窪田。

品局）の承認を受けている薬剤はない。アキュセラが手掛けるのは、末期である地図状萎縮を伴うドライ型加齢黄斑変性の治療薬候補。現在、この疾患患者を対象に臨床試験を行っている。

加齢黄斑変性を発症した人は目に映るものが歪んだり、視界に黒いモヤが入り込んだりする。

写真提供
日本眼科学会

20代の若さで、中高年がよく患う緑内障の原因遺伝子の発見をやってのける。このときも原因遺伝子を突き止めるまで、5年の歳月を費やして地道な作業を積み重ね、膨大な研究データをコツコツと記録し続けた。

「最先端の研究などと言われるものの、実際に現場で行われていることは、泥臭いというか、格好よくも何ともない。何千回もの繰り返し作業。でも、それをやることによって、新しい発見の可能性が必ず出てくるんです」

どんなにわずかな成功確率でも、あきらめずに続ける。どれだけ困難をきわめようとも、自分を信じて全力で挑む。そうすれば、道はいつしか必ず拓けるという信念を、窪田はこの経験から得た。もちろん窪田と違い、

「私には無理だ……。そんな成功体験も、強靭な意志も持ち合わせていない」

と弱気な気持ちに駆られる人もいるだろう。

しかし、今の状況を抜け出すためのヒントは、案外身近なところにある。**それは、本来取り除かれるべきリスクの中に可能性を見出すこと。**努力の果てに笑顔になっている自分をイメージすること。

それができたとき、漠然とした不安を抱くだけの自分からは、すでに変化を遂げてい

新薬
国内で最初に発売される薬のことを指し、先発医薬品とも呼ばれる。特許を出願してから約20年間は、開発メーカーが独占的に製造・販売することができる。

緑内障
網膜の神経細胞が死滅する進行性の病気。視神経が変形し、視野に異常が生じるのが主な特徴。日本では失明になる一番の要因と考えられ、40代から発症率が高まる傾向にある。

るのではないだろうか。

イメージする力、それこそが原動力になる

窪田は、臨床医を経た後、新薬開発にチャレンジするための会社を立ち上げた。そこでも、さまざまな困難が容赦なく襲いかかる。

資金不足、なかなか思うように上がらない研究成果、プロジェクトの実現可能性に疑問を抱く人々……。

だが、窪田の信念は変わらない。

リスクを取らなければイノベーションは生まれない。

「やめておけと言われれば言われるほど、みんながやめろと言うことには、とんでもない宝物が隠されているんじゃないか。そんな気持ちが働くんです」

数多くの困難に直面しながらもなお、心の中で希望の光を灯し続ける。

そうやって地道な作業に価値を見出し、自らイノベーションを生み出そうとする窪田に、やがて追い風が吹いた。

慶應義塾大学医学部で研究に明け暮れた大学時代。地道な作業を何度も繰り返した。

会社の登記費用が払えなかったときに、起業の目的を知った弁護士が手を差し伸べてくれ、500万円かかる登記を無料で引き受けてくれたのだ。社会に対する影響力のある人たちの中には、窪田の新薬開発を「世界が待ち望む取り組み」として高く評価し、応援する者が増え始めた。

現在、ヒトでの臨床試験は最終段階に入ろうとしている。ようやく世界を変える道筋が見えてきた。

「たくさんの人が応援してくれているのは、すごく実感します。最終目標は世界中の失明を撲滅すること。待ち望んでくれる人たちがいるから、少しでもそこへ近づけるよう日々邁進して、絶対に成功させます」

将来の目標を熱く語る窪田は、この世から失明の悲しみを根絶できると信じている。だからこそリスクを恐れず、歩み続ける。

長い間、同じ場所に止まり続けた人は、まったく別の感情にとらわれていることだろう。「自分は変われない」「イノベーションなど生み出せない」と。けれど、それはイメージする力で打ち破ることができる。1%にも満たない可能性の中にも光を見出す。それができたとき、最初の一歩を踏み出すことを恐れていた自分はもういない。

現在、慶應義塾大学医学部客員教授も務める窪田。写真は、自身の研究成果を臨床医たちに解説している場面。

［ チーフプロデューサー 黒岩亜純の「眼」 ］

りんごが木からポロッと落ちる。

この光景を目にしても、多くの人はさして感慨に浸ることはないだろう。だが窪田さんは、たまたま自分がその一瞬の出来事に遭遇できたことを、ニュートンが発見した万有引力の法則に思いを馳せながら、目を輝かせて語ってくれた。それがあたかも天のお告げであるかのように。

窪田さんの代名詞とも言える言葉、それが「CHANGE THE WORLD！」（世界に変革を！）。

窪田さんの新薬開発が成功すれば、世界中にどれほど多くの笑顔をもたらすことができるだろう。窪田さんは、その言葉を連呼しながら、今日も部下に指示を出す。その一方でテニスに打ち込みフィジカルを鍛え上げ、スポーツカーを乗り回す。まさに、やり手のアメリカン・エグゼクティブのようだ。しかし、窪田さんに直接会って、話せば話すほど、先入観はガタガタと崩れ落ちていく。窪田さんも自身について、「そう要領のいい人間ではない」と言う。

「博士課程だって7年もかかってしまったし……。テニスに例えると、最初は1－6の大差で負けているところから、じっくり挽回していくタイプなんです」

仕事の場でも粘り強く取り組む姿勢は変わらない。

「多様な価値観を持つ人たちと議論しながら、壁を乗り越え、どう共存できるかということに興味があるんです」

西洋の蜂のように攻撃的に刺すのではなく、東洋の蝶のようにたおやかに舞い、人と人を結びつけていく。

「薬には国境がない。それに薬は飲めば結果が出るからわかりやすい。パッと世界を変えられるんですよ」

目を輝かせながらそう語る窪田さんの情熱と、待望の新薬誕生の可能性に多くの人が引き寄せられていく。まさに、窪田流「万有引力の法則」が働いているかのように。〝CHANGE THE WORLD！〟。きっと窪田さんなら、やってくれるはずだ。

Episode 21

革新を見つけて、千年後の伝統を創る

伝統を創る

長い年月を経ても変わらないもの。
それは見る人に格式と安心感を与える一方、
ともすれば停滞を招く一因にも……。
長年の蓄積に新たなエッセンスを加えるには？
「伝統」という壁を乗り越えるにはどうすればいいのだろうか？

和紙の「常識」を打ち破るデザイナー

堀木エリ子＆アソシエイツ　代表取締役

堀木《ほりき》 エリ子《えりこ》 さん

京都府生まれ。4年間の銀行員生活を経て、和紙の道へ。和紙に水を叩きつけて模様をつくり出す、鉄骨を和紙に漉き込むなど、革新的な手法で注目を集める。ドイツ・ハノーバー国際博覧会に出展した立体和紙による電気自動車、旧そごう心斎橋本店のアートワークなど作品多数。2011年に京都創造者賞を受賞する。

伝統は守るものではなく、つくり出すもの

会社で新たな仕組みを構築しようとする、誰も実行したことがないようなアイデアを考えて実現を目指す。そんなとき、往々にして「過去の実績」「長年の伝統」というものが立ちはだかる。それらに縛られずに行動し、周囲を納得させる成果を出すことは、並大抵の努力では成し得ない。だが、一人の人間が持つ力は、あなたが想像している以上に強いものだ。

1500年の伝統を持つ、「手漉き和紙」の世界。そこに新たな息吹を吹き込み、革新を起こし続けている女性がいる。新進気鋭の和紙デザイナー、堀木エリ子。歴史や伝統技術を尊重しながらも、常識を打ち破り、革新を起こすためのチャレンジを続ける。それが堀木の信念だ。

「伝統というものも、その技法が生まれた瞬間は革新的だったわけです。だから革新を今見つけ、それを100年後、1000年後の伝統にしていきたいという思いがあります」

堀木は、芸術とはあまり縁のない、ごく普通の家庭で育った。高校卒業後4年間、銀

手漉き和紙
簀桁《すげた》という台に紙の原料を流し入れ、水を抜きながら均等な厚さにして紙を漉く。

越前和紙
福井県嶺北《れいほく》地方で製造される和紙。襖紙、証券紙、檀紙など豊富な種類があり、特に奉書紙は高い評価を受ける。

行に勤務。その後、和紙製品の商品開発を行う会社へ転職し、そこで経理事務を担当していた。

転機が訪れたのは、23歳の冬。日本を代表する手漉き和紙の産地・福井へ、仕事で足を運んだときのことだった。越前和紙の工房を見学した際、堀木の目に、一心不乱に紙を漉く職人たちの姿が飛び込んできた。

「触ると痛いほどの冷水に肘をつけ、手は真っ赤。体からは湯気をあげながら黙々と紙を漉く姿が、神々しく、美しく見えたんです。この粛々とした営みが1500年続いてきたことにも衝撃を受けました。なんと尊い仕事なんだろうと思いましたね」

何人もの職人により、いくつもの工程を経てつくり上げられる手漉き和紙。決して派手とは言えない作業の一つひとつを、堀木は愛おしいと感じた。

自ら行動しなければ今の状況は変えられない

しかしその後、堀木が勤めていた会社は、安価で大量生産が可能な機械生産の紙に押され、閉鎖。堀木はそこで、手漉き和紙業界の衰退を目の当たりにした。

和紙をつくっている工房の様子。繊細な作業が求められる。

「このままでは手漉き和紙の伝統が失われてしまう。なんとかしなければ！」

自ら動くことでしか、人生は変えられない。堀木は、つてを頼りに自ら和紙を開発するブランドを立ち上げた。その会社で仕事をするうち、次第に自分でも和紙のデザインを手掛けるようになっていった。

もちろん最初からすべてが順調だったわけではない。斬新な技法を取り入れようとする堀木に対し、伝統を守ることを信条としてきた職人たちは冷淡だった。

「最初の頃は、私が挨拶しても無視されることがありました」

しかし堀木はあきらめず、継続してつくり続ける姿勢を貫いた。

「信念があれば、きっとわかってくれる……」

手漉き和紙は長く使うほど質感や風合いが増し、劣化も少ないため、建築やインテリアで活かすのが最適と考え、建築物や商業空間というフィールドに積極的に打って出た。その熱意は次第に職人たちの心を溶かしていった。

職人たちとの間に壁がなくなるにつれ、堀木の作品はその真の魅力を存分に発揮するようになり、日本のみならず、世界からも注目を集めた。建設空間への作品設置のほか、世界的なチェリストであるヨーヨー・マの舞台美術を手掛けるなど国内外から注目され、

和紙に水を叩きつけ、穴を空け、模様を描く。堀木が編み出した独自の手法。

海外で個展を開いた際も高い評価を受けた。堀木の情熱と行動力により、革新が新たな伝統となるべく、動き始めた。

そして、２０００年には会社も設立し、順風満帆に思えた矢先のこと。堀木は、自らが悪性のがんに侵されていることを知った。

過去や伝統と決別するのではなく愛情を注ぐ

「もう、二度と和紙を漉くことができなくなるかもしれない……」

そんな絶望の中にあって、堀木がしたのは、遺言書を記すことだった。いざ書き始めてみると、意外なことが見えてきた。

「後に残るスタッフに対して、いろいろ列記していくうちに〝私が、これをやらなければいけなかったんだ〟と気がつきました。こんなにやるべきことが残っているのに死んでなんかいられない、なんとしても生きなきゃいけない。そう思ったら、力が湧いてきたんです」

堀木は、どんなに体が辛くとも気丈に振る舞い続けた。手術からわずか6日後に退院

鹿児島県上野原縄文の森展示館に飾られた和紙ドーム。

写真：松村芳治

し、仕事に復帰。一心不乱に生きる日々の中で、堀木の体はがんに打ち勝った。そして、死に直面する経験を経て、自分の覚悟を改めて心に刻んだ。

手漉き和紙とともに、生き抜く。

そこからは、今まで以上に革新的な仕事を手掛けるようになった。

遺言書を書いてから、3年。そこに記された「やり残し」を、堀木はすべて自ら成し遂げたのだった。その原動力は何か？　なぜ、そこまで夢中になれるのか？

「私の原点は伝統に向き合う覚悟です。これからも手漉き和紙の技と、その背景にある日本人の美学や職人さんの魂を世界へ伝えていきたい。そのための革新なのですから」

そう語る堀木の言葉に答えが隠されている。一見するともう変える余地が残されていないような伝統工芸の中にさえ、革新の種は眠っていた。そして、そのことに気づいた人たちの努力により、新たな革新へと形を変えることができた。

自らの人生を変える革新の種も、きっと平凡と思える日常の中に、これまで蓄積されてきた伝統の中にある。

だからこそ、日常や伝統と決別するのではなく、「愛情」を注ごう。それができたとき、あなたの未来を輝かせる「革新」を手にすることができる。

革新的な作品をつくり続ける堀木に憧れ、若手スタッフも奮闘。新しい人材も育ちつつある。

チーフプロデューサー 黒岩亜純の「眼」

堀木さんと話した後、私は背筋がピンと伸び、心が清々していた。快活で歯切れがよい彼女の語りを聞いていると、まるで貴重な説法を受けた感覚に陥る。

堀木さんが和紙を通じて伝えたいこと。それは決して、ものづくりの技術だけではなく、「和紙を通じた精神性や日本の美学」だという。

「紙は〝神〟に通じる」

元来、自然の草木を原料とする紙には、不浄なものを浄化する力が宿ると考えられてきた。これまで和紙を〝神〟に近づけるために、職人の手によって、不純物を取り除いて白くしていく作業が行われてきた。それも1500年以上もの間。話を聞いているだけでも、身が引き締まる思いだ。

堀木さんのすごいところは、その白い和紙に色をつけたり、水滴で穴を空けたりしたこと。和紙の伝統を守ってきた職人たちからすれば、とても受け入れ難い行為だ。ただ、堀木さんの根本にあったのは、和紙の文化を後世に残したいという熱い思い。和紙の新たな魅力を引き出そうと、その類い稀なる行動力で挑戦を続けている。

大病後、堀木さんの景色は一変した。会話の中には「決心と覚悟」という言葉が、時折出てくる。死と直面したときに書いた遺書は、その後、2年に1回は書き直しているという。

「こうすることで、大切なものを再確認できるんです」

堀木さんは、自らの活動を「和紙を通じて、おもてなし」という含蓄のある言葉で表現した。和紙づくりは、単なる自己表現ではなく、誰かのために役立てられるかどうかが肝心。「人のために仕事をする」という思いを胸に日本文化の賜物である和紙づくりに勤しみ、その結果が広がっていく過程で、社会とつながり合うことができる。そんな堀木さんの繊細で独特な世界観にこそ、日本の「おもてなし」の神髄があるのではないだろうか。

脱常識

脱常識

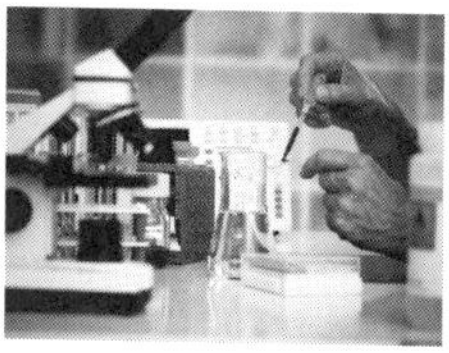

Episode 22

場数を踏むことで経験値は上がり、知識は増える。
けれど、アイデアや発想は？
知らず知らずのうちに「常識」という枠の中に自分をはめ込み、
同じことの繰り返しになっていないだろうか？

廃油から
水素燃料をつくり出す

愛媛大学大学院　教授

野村《のむら》 信福《しんふく》 さん

豊橋技術科学大学工学部エネルギー工学課程卒業、同大学工学研究科総合エネルギー工学博士課程修了。2001年、同僚である豊田洋通准教授とともに電子レンジのマイクロ波を使い、液体の中に3000度以上のプラズマをつくり出すことに成功。この技術を応用し、廃油から水素燃料をつくり出し、自動車を走らせるための研究に力を入れる。

「常識外れ」の発想で新たな道を切り拓く

常識とは「疑う余地のないもの」、そう考えていないだろうか。

ときとして常識は、新たなチャレンジや飛躍を阻み、あなたを代わり映えしない日常の中に閉じ込める。

今、目の前にある「当たり前」を疑い、常識を覆すことで、型破りな発想が得られることもあるのだ。愛媛大学大学院の野村信福も、「常識外れ」の発想から道を切り拓いた者の一人だ。

彼は、それまで気体からつくることが常識だったプラズマを、液体で発生させる（液中プラズマ）という奇想天外なアイデアをひらめいた。

実験を始めた当初、周囲から冷笑されていたものの、野村には確信があった。

――まずは常識を疑え。脱常識。

「当時はいろいろな人に『眉唾モノだ』と言われました。だからこそ、1＋1＝2ではなく、3や4になる成果を証明し、周囲を見返してやろうとずっと思っていました」

既成の概念に縛られず、周囲の冷淡さにもめげず、野村は研究に没頭した。

Episode 22

プラズマ
固体、液体、気体に続く物質の状態を指す。例えば水の場合、氷から水、そして水蒸気へと変化する。そこからさらに水蒸気を加熱すると、水の分子から電子が飛び出し、光り出す。これがプラズマ。空に輝くオーロラや、鮮やかな映像を画面上に映し出すプラズマテレビなども同じ仕組み。

周囲からの励ましがあるからこそ己の道を進むことができる

従来の価値観から抜け出そうともがき、努力を重ねても、自分の力だけでは限界が来る。そんなときに頼りになるのが、自分を支えてくれる人の存在だ。

野村が己の道を邁進できたのも、人との出会いが大きい。大学時代に恩師・大竹一友教授に出会ったことが、彼の人生を変えた。

野村は大学時代、エネルギー研究に没頭し、大学卒業後も研究者の道を進みたいと考えていた。だが、特別優秀でもなかった彼にとって、それは困難な道だった。野村は断られることを覚悟で大竹教授の研究室を訪ねると、「お前なら大丈夫だ」という意外な言葉が返ってきた。

「『お前はだめだ』と言われるかなと思っていたのに、二つ返事で『大丈夫だ』と言ってくれたことを今でも覚えています。何かあるといつも励ましてくれました」

そんな大竹教授が口癖のように言っていた言葉が「脱常識」。恩師の教えを受け、野村は自由な発想ができる研究者として成長しつつあった。

だが、別れは突然やってくる。1997年、大竹教授は大学教員の指導のために訪れ

液中プラズマ
液体中にマイクロ波や高周波などの電磁波を照射し、液体中の気泡中にプラズマを発生させる技術。この技術を応用すれば、カーボンナノチューブを製造したり、炭素をダイヤモンドに変形させて取り出すことも可能となる。

大竹一友
豊橋技術科学大学工学部教授。専門は熱工学。同大学大学院で野村を指導した。1997年に飛行機事故により、この世を去る。

ていたインドネシアで飛行機事故に遭い、帰らぬ人に……。恩師が眠る墓碑には、研究者としての教えが刻まれている。その墓碑銘の「脱常識」という言葉は、野村の研究者としての原点だ。

「もしかしたら私の『夢の扉』は、大竹先生の研究室の扉だったのかもしれません」

そして、その扉を開く「液中プラズマ」という鍵を手にした野村は、いよいよ新たなステージへ進もうとしている。実はこのアイデアを思いついたきっかけもまた、人との出会いにあった。

心ある人の助言に耳を貸し、感謝の気持ちを忘れない

大学の同僚で、工業用ダイヤモンドの合成をしていた豊田洋通と居酒屋で飲んでいたときのこと。ふと豊田がつぶやいた。

「液体の中でプラズマが起こせたら、この氷みたいなダイヤができるのに……」

そのつぶやきに着想を得て、2人は液体でプラズマをつくることを思いつく。エネルギー研究の新たな可能性を拓きたいと考えていた野村。ダイヤモンドを効率よく合成す

野村と豊田は低コストな実験器具として電子レンジを活用。加熱時に発せられるマイクロ波を使って液中プラズマを発生させた。

廃油
ガソリンスタンド、自動車整備工場、石油基地、船舶などで発生する使用済み潤滑油などを指す。毎年大量の廃油が排出

ることを夢見ていた豊田。両者の情熱が融合し、新たなアイデアが生まれた瞬間だった。2人はすぐさま研究をスタート。だが、大学の研究費では高価な装置が買えないという壁が立ちはだかる。このときも、道を切り拓いてくれたのは「脱常識」の教えだった。

「我々が誇る最新鋭の分解装置、電子レンジです」

野村は、安売りされていた電子レンジを何台も購入し、加熱時に発せられるマイクロ波を使って液体の中に3000度以上の状態をつくり出したのだ。そして実験開始から2年後、野村と豊田は世界で初めて、マイクロ波を使った液中プラズマを発生させることに成功。液体から水素を効率よく取り出す方法も発見した。さらに、水素ガスの発生とともに、豊田の目的だったダイヤモンドを合成することもできた。

恩師の教えである「脱常識」に支えられ、それまで気体でつくることが常識だったプラズマを液体でつくり出した2人。科学技術の進歩に貢献した者に贈られる、名誉ある賞も受賞した。今や、野村は、液中プラズマの研究でトップを走る研究者の一人だ。

「新しいエネルギー社会に向けて日本がエネルギー問題で困らないように、全力でがんばっていきたい。地方で地道な努力を続けている研究者のためにも挑戦を続けます」

そう決意した野村が次に取り掛かったのが、「液中プラズマの技術を応用して、廃油

されていることが問題視され、企業や自治体などがリサイクルに乗り出している。

研究室の学生たちとともに水素を抽出する実験に取り組む。初めての挑戦は試行錯誤の連続だった。

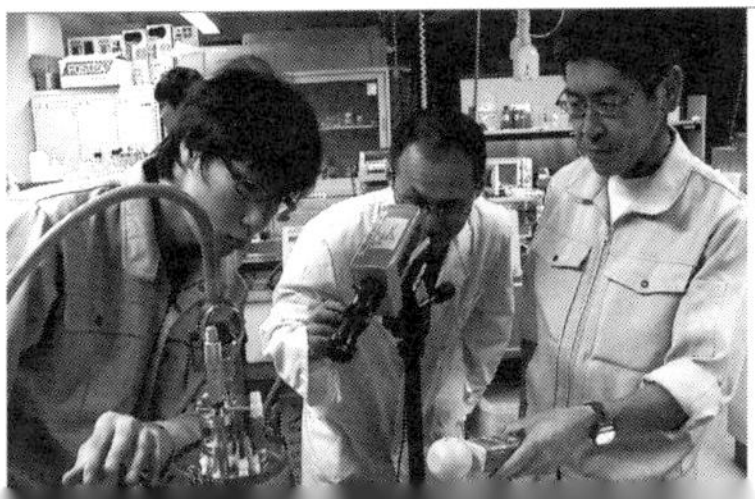

から取り出した水素で水素自動車を走らせる」という世界初の実験だ。電子レンジを使ってプラズマを発生させ、何度も何度も実験を繰り返しながら水素を抽出。試行錯誤の末、水素自動車を走らせるのに必要なだけの量をつくり出した。そして実験当日、野村は祈るような気持ちで、実験用の車に乗り込んだ。

「研究室のスタッフや学生が徹夜でつくってくれた水素を、一滴も無駄にしたくない」

　水素自動車は、エンジンがかかるとスムーズに走り出す。野村の「脱常識」が、大きな成果に結びついた瞬間だった。

「ありがとうございます！　ありがとうございます！」

　野村はすぐさま協力者たちへ感謝の言葉を伝えた。人との出会いにより道を切り拓いてきた彼は、周囲の協力に何とかして報いようとする気持ちが強い。だからこそ、「常識」の壁を軽々と越えていけるのではないだろうか。

　常識にとらわれるというのは、自分の考えにこだわり、「自分だけの世界」の中に居続けようとすること。そこから抜け出す方法を一人で模索するのは難しい。**ならば、あなたに目を向け、助言してくれる人たちの言葉に耳を貸そう。それこそが「脱常識」の第一歩だ。**

水素自動車
水素を燃料とする自動車。水素を燃焼させる内燃機関型と、水素と酸素の反応による電気を利用した燃料電池型がある。車が排出するのは水だけであり、二酸化炭素をはじめとした排ガスは出さない。日本や海外の自動車メーカーも開発・生産に力を入れている。

チーフプロデューサー　黒岩亜純の「眼」

えっ？　バナナの皮が〝空飛ぶ車〟の燃料源に？

そんな話、すぐには信じられない。だが、「脱常識」のポリシーを貫く野村さんと話していると、本当にやってのけてしまいそうに思えてくる。

野村さんは少年時代、「宇宙戦艦ヤマト」にハマっていたという。ヤマトから発射される「波動砲」のエネルギー源をつくれないだろうか。そんな夢の延長線上に、今、研究中のプラズマがある。さらに、「そこから派生する水素で人力飛行機サイズのものを飛ばそうとしています」と語る。その柔軟な発想力と、実現させようとする執念には脱帽である。

そんな野村さんにはユニークな発想法がある。週に2、3回、夕方になると、研究仲間を誘って軽いジョギングに出かけることだ。

「会話ができるスピードで走りながら雑談をしています。適当にものを考えるにはいいんですよ。緊張が張り詰めた研究室から抜け出すことで、奇抜なアイデアが浮かびます。黒岩さんもぜひどうぞ」

そうは言われても、周囲の反応が脳裏をかすめる。あっ！　この感覚が「常識」から抜け出せない諸悪の根源かもしれないと反省……。

冒頭に触れた、〝空飛ぶ車〟。実は映画「バック・トゥ・ザ・フューチャー」に登場する近未来の車「デロリアン」だ。リアエンジンの上にある白い筒にバナナの皮などを投入すると燃料になる。

「今は難しくても、将来はきっとつくれますよ」

野村さんは軽妙な口ぶりで語る。しかし、その表情は真剣だ。常識を覆そうという情熱がみなぎっている。聞いている方も思わずドキドキしてしまう。

大人になっても少年のような純真な心と探求心を持ち、本気で実現できると信じ、研究に邁進する。そんな彼にとっては、バナナの皮で空を飛ぶことも決して夢物語ではないのだろう。デロリアンのハンドルを最初に握るのは野村さん。思わずそう期待してしまう。

Episode 23

「夢」を実現するために一人で努力を続け、
一人で歩み続けるのは至難の業。
自分の気持ちが萎んでしまえば、また元通り。
ならば、その夢を誰かに語ってみては？
ともに歩む仲間が見つかるかもしれない。

共鳴する夢は世代を超える

共鳴する夢

夢の海上都市で
人類の未来を豊かに

清水建設　環境・技術ソリューション本部

竹内《たけうち》 真幸《まさき》 さん

早稲田大学理工学部建築学科卒業後、清水建設に入社。大阪支店計画設計にて大規模プロジェクト事業コンペに取り組む。2008年から赤道直下の海上に環境配慮型の都市を浮かべる大型プロジェクト「グリーンフロート」に注力。自給自足、資源循環、二酸化炭素の排出をゼロを超えてマイナスにする植物質な都市の誕生を目指す。

自分の夢を語ることで協力の「輪」が広がっていく

海沿いにある一部の家の壁が波で洗われ、無残にも削られていく。海外線に生えるヤシの木も海水を浴びて、次々と朽ち果てる。ついには貴重な井戸水にまで海水が混じる事態に……。

赤道付近に位置するキリバス共和国は今、国家存亡の危機に陥っている。地球温暖化による海面上昇の影響で、国土が沈みつつあるのだ。すでに、国民の生活にも大きな影響が出ており、住み慣れた土地からの引っ越しを余儀なくされている人も多い。

そんな深刻な状態にあるキリバスの首都、タラワ島の空港に、一人の日本人が降り立った。竹内真幸。大手建設会社・清水建設の社員であり、これまでいくつもの都市計画に携わってきた。

沈みゆく島を実際に目にして、竹内は危機感を強めた。

「これは、もはや待ったなしで手を打たなければいけないところまで来ている……」

竹内がタラワ島へ足を運んだ理由は、自らの計画を住民、特に島で暮らす子どもたちに説明したかったからだ。その計画の名は、グリーンフロートプロジェクト。東京ドー

Episode 23

キリバス共和国
太平洋上に位置する小さな島々で構成される国。人口は10万人。国の面積は対馬とほぼ等しい。コバルトブルーに輝く海が魅力の観光地としても知られるが、近年は海面上昇が深刻化し、家の壁が波で削られている地域もある。

ム約150個分の面積を持つ浮島を建設して海に浮かべ、10万人が暮らせる海上都市を建設するという前代未聞のビッグプロジェクトである。

説明会が開催されると、最初は物珍しさから集まっていた子どもたちも、次第に竹内の話に引き込まれ、目が輝き出す。そしてすべての説明が終わる頃、子どもたちは竹内と同じ夢を追いかける〝仲間〟になっていた。

「共鳴する夢は世代を超える」

竹内の理念が島の将来を担う子どもの心に火をつけ、壮大な計画を一歩前進させた。

大人になっても夢を追うことはできる

誰しも、子どもの頃に壮大な夢を一つや二つ、描いたことがあるのではないだろうか？

そして、大人になるにつれて、その夢を少しずつ忘れていく。**しかし夢を持つことは、何も子どもだけの特権ではない。人生のいかなるときでも、夢を持つことはできる。**それは、あなたの人生に彩りを与え、高い目標に挑むためのモチベーションとなり得る。

竹内も今、「グリーンフロートプロジェクトの実現」という大きな夢を掲げ、日々、努

グリーンフロートプロジェクト
清水建設が提案する環境都市「グリーンフロート」を実現するための計画。直径3000mの浮体人工地盤に高さ1000mのタワーを有する。数万人が居住し、再生可能エネルギーを使って生活を支える。

キリバスの子どもたちに向けて、プロジェクトの内容を説明する。壮大な計画に子どもたちは興味津々。

力を続けている。これまでに数々の都市計画を手掛けてきた竹内は、いつも現場で環境にやさしい都市の必要性を感じていた。それが今のモチベーションにつながっている。

「地球温暖化や人口増加による食糧不足、そして生態系の破壊……。地球は近い将来、深刻な状態に陥るだろう。それを何とかできないか、自分にできることはないか……」

将来の課題を直視し、自分の果たすべき責任として捉える。それができた人には、大きなチャンスが舞い降りる。ある日竹内は、社長から呼び出しを受けた。

「未来につながるようなプロジェクトを考えてくれ」

スケールの大きなオーダーを受け、竹内は悩みに悩んだ末、一つの夢を提示する。

〝海上に人類の理想郷をつくりたい〟

壮大なグリーンフロートプロジェクト誕生の瞬間であった。

この計画ではまず、海の上に直径3000mにも及ぶ浮島を浮かべる。その中央には、高さ1000mのタワーを建設。高層階は一年中26度の快適な居住スペースとして利用し、中層部は野菜を中心とした植物工場、下層部では水耕栽培による砂耕稲作・農場を稼働させる。太陽のエネルギーのみで育つ野菜が、人間の出す二酸化炭素を吸い取ってくれる計算だ。

水耕栽培
植物や野菜を土ではなく、水につけて栽培する方法。有機肥料を加えると水が腐敗し、根の部分を傷める。そのため、無機肥料を用いるのが一般的。

宇宙太陽光発電
宇宙空間上に太陽光を集める大型装置を設置し、太陽光エネルギーを地上あるいは海上の受電施設に伝送する。天候や昼夜にかかわらず、発電が可能。日本では主にJAXAが中心となり、実用化を進めている。

また、生活で出た生ごみや廃棄物も、畑や海の栄養に変え、それで集まった魚がまた食料になる。現代においてなくてはならない電力エネルギーは、ＪＡＸＡ（宇宙航空研究開発機構）が開発中の宇宙太陽光発電を採用。これにより24時間の発電が可能だ。グリーンフロートは、まさに究極のエコ・シティと言える。

ひたむきに夢を追う姿勢が多くの人を引きつける

しかし、この構想をぶち上げた当初、あまりの壮大さに「本当に実現できるのか？」と疑問を呈する声も出た。そんな声を聞くたびに、竹内は心の中で思った。

「あのアポロ計画だって、最初は夢物語だったんだ！」

ケネディ大統領の「人類を月へ」という大号令で動き出したアポロ計画も、最初は夢物語と相手にされなかった。しかし8年後、その夢は現実となる。

「ケネディ大統領の宣言時にＮＡＳＡはまだ大出力のエンジンもできていなかった。グリーンフロートも、物理的にはすべて実現可能と証明され、理論とビジョンはできているけれど、材料や製品はできていない状態。なんだか似ているなと感じるんです」

アポロ計画
アメリカ航空宇宙局（ＮＡＳＡ）による有人宇宙飛行計画。1961〜1972年にかけて行われた。人類が初めて月に到達し、月面の石などを地球へ持ち帰った。

グリーンフロートプロジェクトで住民が暮らす建物の模型（1000分の1サイズ）。これを日本の小学生たちにも見せ、地球環境への理解を促している。

竹内は確信していた。このグリーンフロートプロジェクトは、日本版の〝アポロ計画〟になると。とはいえ壮大な夢を描くだけでは、SF物語と変わらない。竹内は自分の考えを周囲に繰り返し説明し、課題を一つひとつ解決していった。

ひたむきに夢を追うその姿に、いつしか賛同者は増えていき、気づけば会社の枠を超えて仲間が集まるほどに。竹内の描いた夢は、キリバスの子どもたちだけでなく、日本の研究者、ビジネスパーソンにも波及していった。

プロジェクトは現在も進行中、2030年の着工を目指している。

「未来は夢から始まります。そして、みんなが共鳴してくれる夢こそが、世代を超えて引き継がれていくのです」

毎日の生活の中で、竹内ほど壮大な夢を描くきっかけは、なかなか訪れないかもしれない。だが、大切なのは夢の大きさではない。たとえささやかでも自分なりの夢や目標を持ち、それに向かって努力する。そして、その可能性を理解してもらうために言葉を尽くす。その姿勢こそが鍵を握る。

ひたむきに夢を追う姿勢は、必ず誰かの心を打つだろう。そこに共鳴が生まれたとき、新たな仲間が誕生し、あなたの夢がかなう可能性は大きくなる。

プロジェクトの内容を社内外の専門家たちに説明し、協力者を増やしていく。

チーフプロデューサー 黒岩亜純の「眼」

夢のまた夢のような話。見たことも、聞いたこともない壮大な構想を聞くと、「本当に実現できるの?」と疑ってしまうことがある。竹内さんは、そんな私の表情を察してか、いつもの温和な微笑みを消し、実直にこう語り始めた。

「グリーンフロートは『夢』ではなく、実現しようとしている『目標』なのです」

竹内さんが目指す都市計画は、番組が扱ってきたプロジェクトの中でも、最もスケールの大きい部類に入る。海上に浮かぶ巨大な都市を実現させるには、世界中から巨額の資金を集めなくてはならない。その実現性に半信半疑になるのは、私だけではあるまい。だが、竹内さんとともにキリバスへ行ったとき、私の懐疑は徐々に払拭されていった。

キリバスの首都タラワがある島は、2050年までに最大80%が水没する危機に瀕しているという。この深刻な事態を解決するため、大統領がグリーンフロートプロジェクトに興味を示した。

そして、竹内さんと私たち取材陣がキリバスに向かい、大統領とあいさつを交わすと、竹内さんは早速、海上都市構想について語り始めた。その真剣な眼差しを見ていた私も、ようやく「一場の夢」から醒めた気がした。海面上昇により、水没の危機に瀕している国が目の前にある。その現実に対峙する指導者には、この計画は国家を救う明るい灯になり得るかもしれない。

キリバスから帰国し、次に竹内さんと会ったのは1年以上も経った頃。そのとき、あることを告げられた。

「まだ詳細は話せませんが、近々また大きなプロジェクトを発表します」

「何だろう?」と思いを巡らす間もないうちに、海底に5000人が暮らせる新たな都市構想が発表された。また、壮大な計画だ。そのとき、再び竹内さんの真剣な表情が思い浮かんだ。「黒岩さん、これも『夢』ではありません。『目標』ですよ」。

Episode 24

〝やる〟ではなく〝やり抜く〟

〝やり抜く〟

人は同じ場所にとどまり続けると次第に閉塞感を覚える。
その感情から目を背けていては何も変わらない。
大切なのは、あなたを取り囲む壁や天井と向き合い、突き破ること。
「できないかも……」。そんな弱気はいらない。
できるまでやり通すのみ。

北陸新幹線の
フロントガラスを任される

新光硝子工業　工場長

関谷《せきや》 智宏《ともひろ》さん

富山県生まれ。高校中退後、新光硝子工業に入社し、ガラスの加工作業に従事。30年以上にわたり、ガラスを曲げる技術を磨き続ける。その仕事は国内外で高い評価を受け、上海のヒルトンホテル、カタールの国立美術館、金沢21世紀美術館などの窓や外壁に使用される。2015年3月開業の北陸新幹線のフロントガラスも担当した。

絶対に妥協しない者にしか辿り着けない境地がある

「絶対に妥協せずに最後までやり通す」

それができればどんな願いでもかなえることができるだろう。

だが、言うは易く行うは難し。挑む対象が大きければ大きいほど、実行に移すのは困難になる。ましてや大きな成果を出すことなど……。

だが、信念を持って決意を貫き通す者は、必ずや人生の新たな扉を開くことができる。

そのことを身をもって証明した職人集団がいる。曲げガラスのパイオニア、新光硝子工業だ。同社では建物などに使われるガラスの〝曲げ加工〟を行ってきた。銀座三愛ビル、金沢21世紀美術館、上海のヒルトンホテル、カタールにある国立美術館など、日本のみならず海外の仕事も数多く手掛けている。

そんな凄腕の職人集団を率いるのが工場長の関谷智宏。ガラスを曲げさせたら日本一と評されるその男は、高温で熱せられた炉の前で〝ガラスの声〟に耳を傾け、こう呟く。

「ガラスが教えてくれる」

妥協することを潔しとせず、己の信念に従って仕事をやり抜いてきたからこそ辿り着

２００４年10月に開館した金沢21世紀美術館。建物は地上１階（地下１階）で、円形の総ガラス張り。この壁面のガラスに、関谷たちが手掛けた曲げガラスが使用されている。

Episode 24

けた境地である。そんな関谷の元にある仕事が舞い込む。２０１５年3月開業の北陸新幹線のフロントガラスをつくってほしいという依頼だった。

たまたまうまくいったというレベルで満足するな！

ガラス曲げは金型の上に置いたガラスを炉で囲み、加熱していくことによって可能になる。ガラスの状態や温度を見きわめながら行うため、熟練された技術がいる。北陸新幹線に使うフロントガラスは、運転席の安全性を高めるために厚みの異なる4枚の大きなガラスを使用。しかも、上下と左右の2方向に曲面をつくるデザインのため、難易度はグンと跳ね上がる。34年間ガラスを曲げてきた関谷にとっても未知の領域だ。

火を入れて6時間。関谷は炉の様子を見ながら「たぶん大丈夫」と手応えを感じた。しかし、翌日でき上がったものを調べると、重ねたガラスの間にわずかながら隙間ができている。

加工の難易度は想像以上で、その後も失敗を繰り返すこと4回。関谷がここまで手こずるのは珍しいことだった。

北陸新幹線
１９９７年に東京駅から長野駅の区間が部分開業。その後、ルートを金沢駅まで延伸する工事が行われ、２０１５年３月に開業。

関谷は思い切って金型を改良し、曲げ方の工程を根本的に変える作戦に打って出た。その戦略が功を奏し、ガラスはイメージ通りに曲がっていく。でき上がったものを調べてみても隙間はない。だが、関谷は満足しなかった。彼が注目したのはガラス自体の重みで曲面に生じる「たわみ」。許容範囲の3㎜以内に収まっていたが、関谷はさらに完成度を高めるために「もう一度曲げる」と言い出し、後輩職人たちを絶句させた。しかし、彼はある信念の下に決断していた。

「〝やる〟ではなく〝やり抜く〟」

自分が納得する前にあきらめてしまえば、今の状況は何も変わらない。だが、あきらめずにその先を目指すことができれば、道が閉ざされることはない。

「偶然うまくいったからといって満足していては道は拓けない。とりあえず製品になるレベルで終わるのではなく、その技術を確立するまできっちり〝やり抜く〟必要がある」

困難に直面してもやり抜くことで、あなたの人生は変わる

関谷には、やり抜かなければならない理由があった。

ガラスを入れる炉。高温でガラスを熱し、曲がる様子をチェックしながら作業を行う。

金型
工業製品の部品などを成形・加工する際に使用する、主に金属材料を用いてつくった型の総称。これ

高校を1年で中退したため、就職先を探しても中卒という理由で相手にされなかった。ようやく手にしたのが現在の仕事。ところが、ガラスを曲げるのに必要な三角関数がわからない。親戚から高校の教科書をもらい、毎晩、仕事を終えると机にかじりついて猛勉強した。職場でも必死に仕事を覚え、人知れず地道な努力を重ねた。

「この仕事を失ってたまるか！」

そう思うと、だれよりも真剣にならざるを得なかった。そんな努力が次第に実を結び、29歳のときには現場のリーダーに抜擢される。

だが仕事にのめり込むあまり、ガラスの声を聞く男はストレスで左耳の聴力を失った……。

それでも関谷はガラスを曲げ続け、国内外から高い評価を得る。そして今もなお腕を磨き続け、あらゆる仕事に対して全力で取り組む。何が彼を駆り立てるのだろう。若き頃の危機感がまだ消えないのか？　それとも一流の職人としてのプライドか？　その答えは関谷が後輩職人たちを諭すように言ったある言葉に隠されている。

「いいものをつくるのがプロじゃない。いいものをつくるのは当たり前。人に幸せを与えるのがプロなんだ。技術でいかに感動を与えるかが大事なんだ」

を使うことで、同じ部品や製品を大量に生産することができる。作業内容や加工する材料によって、さまざまなタイプがある。

曲げたガラスにゆがみが発生していないか、念入りにチェックする。

関谷は自分が評価されることよりも、美しく曲げられたガラスを目にした人たちが思わず見せる笑顔が心底うれしい。だから、どんな仕事でも手を抜かずにやり抜く。

新幹線のフロントガラスの曲げ作業は実に12回に上った。作業開始から4か月が経過した頃、ようやくガラスの神様が関谷に微笑みかけた。

「よし、よかろう。いいね、ほぼ完璧やね」

関谷はそう言って作業現場から離れる。おもむろにタバコに火を点け一服するその表情からは達成感が感じられる。だが、満足できる瞬間はほんのわずかだ。

「もっともっと細かなところにまでこだわって、絶対に誰も真似できないようないいものを世の中に出していく。今、自分の中にあるのはそういう使命感ですね」

妥協と縁を切って一心不乱に走り続ける者にとっては毎日が勝負。大きなプレッシャーに襲われることもあるだろう。だが、そんな厳しい状況に身を置くことで退屈さはどこかへ消え、やがて大きな成果を手にすることができる。

関谷たちが「やり抜く」精神を貫いて曲げたガラスも、妥協を排したからこそ手にすることができた成果だ。それはどこまでも美しく、ゆがみ一つない。職人たちの努力の結晶であるガラスをフロント部分に載せた北陸新幹線がもうすぐ走り出す。

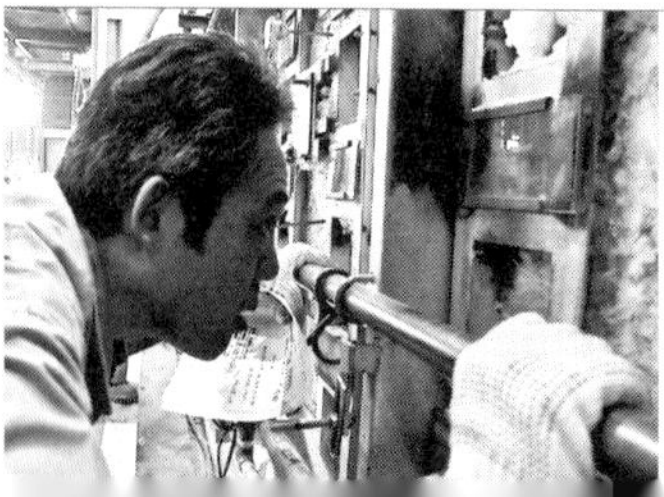

炉の外側からガラスの変化を食い入るように見つめる関谷。その執念が結実し、北陸新幹線のフロントガラスは見事完成した。

チーフプロデューサー 黒岩亜純の「眼」

関谷さんの仕事ぶりに迫った映像は異色だった。カメラは関谷さんが働く工場内、それも半径数m程度の空間しか映し出していない。ドキュメンタリー番組では「バラエティに富んだ映像」が求められがちだが、その逆をいっている。だが、余分なものをそぎ落としているからこそ、ガラスの一点を見つめる鋭いまなざし、必死な表情が際立つ。

関谷さんを紹介した当番組をその後、地元富山のチューリップテレビが1時間番組に拡大して放送。それが2014年10月、日本民間放送連盟の優秀賞を受賞した。緊迫した空気のなか、ガラスと闘う関谷さんの執念が、審査員の心を打ったのだろう。

未だかつて誰もつくったことのない、究極の曲げガラスづくりを目指す関谷さん。その分野で国内でも指折りの達人となる人は、一体、何が違うのだろう？　そのヒントは、趣味の世界を覗くと見えてきた。関谷さんは「趣味がない若者は信じられない」と言うほど多趣味、そして凝り性だ。大好きなバイクは16台も乗り換えた。スキーにも熱中し、毎年、最新のスキー板を買い揃えるほど。貯金はたまらず、バブル崩壊でバイクをすべて売り飛ばすことに。そんな状況でも今度はゴルフにはまり、シングルプレーヤーになるまで練習し続けた。これだけたくさんの趣味があるなかで、どうしたら上達できるのか？　関谷さんは、その秘訣について「うまくいったときのことを忘れるな」と語る。

多くの人は失敗の方が気になり、つまずきの原因に目を向けて改善していく。しかし、関谷さんは成功したときのイメージをより大事にして頭に焼きつける。その姿勢は、ガラス曲げの仕事にも通じている。偶然の成功を偶然で終わらせない。成功の方程式が確立されるまで、とことん〝やり抜く〟。それこそが関谷さんならではの発想だ。

北陸新幹線を目にする度に、関谷さんの頭の下がるような仕事ぶりが脳裏をかすめるに違いない。

ドリームメーカーたちの活躍を動画で確認！

TBSのホームページでは、過去に放送した番組のダイジェストをご紹介しています。

Episode 19

早稲田大学
教育・総合科学学術院　教授
河村 茂雄さん
（2013年4月28日放送）

Episode 20

アキュセラ社
ファウンダー兼会長
窪田　良さん
（2013年10月27日放送）

Episode 21

堀木エリ子&アソシエイツ
代表取締役
堀木 エリ子さん
（2011年10月30日放送）

Episode 22

愛媛大学大学院　教授
野村 信福さん
（2011年9月25日放送）

Episode 23

清水建設
環境・技術ソリューション本部
竹内 真幸さん
（2013年7月21日放送）

Episode 24

新光硝子工業　工場長
関谷 智宏さん
（2013年12月1日放送）

※QRコードをスマートフォンやタブレットのQRコードリーダーで読み取ることで動画をご覧いただけます。パソコンでご覧いただく場合は、「夢の扉+」公式ホームページ（http://www.tbs.co.jp/yumetobi-plus/）にアクセスしてください。
※お使いのスマートフォンやタブレットにQRコード読み取りアプリがない場合、上記QRコードから動画をご覧いただくことはできません。QRコード読み取りアプリをインストールするか、「夢の扉+」公式ホームページにアクセスしてご覧ください。
※フィーチャーフォンには非対応です。フィーチャーフォンで上記QRコードを読み取っていただいても動画をご覧いただくことはできません。

「夢の扉＋」　CREDIT

［番組制作］

ナレーター　中井貴一／坂口憲二／向井理

主題歌　「やさしい雨」　唄:小田和正

チーフプロデューサー　黒岩亜純

プロデューサー　別部時彦／大浦剛

チーフディレクター　和田好充／片山亮

構成　上野耕平／柴崎明久／むらこし豪昭

制作　TBS報道局

制作協力　TBSビジョン

(登場主人公を取材した制作会社)

あいテレビ／泉放送制作／エフロード／MBS企画／クリエイティブ21／ジョブエックス／ジン・ネット／チューリップテレビ／TBSビジョン／ドキュメンタリージャパン／ファルーカ　※五十音順

製作著作　TBS

提供　NTTドコモ

［書籍制作］

執筆協力　國天俊治／C-side（塩澤真樹）／関口直子／船木麻里／堀雅俊

デザイン　倉橋潤平（プログループ）

校正　山口智之

あとがき

「夢の扉＋」に登場する主人公たちは、最も「夢」とは縁遠い人たちなのではないか。そう思ってしまうことがある。「『夢』をテーマに番組を制作している人間が突然、何を言い出すのか？」と、お叱りを受けるかもしれない。しかし、多くのドリームメーカーたちは「夢は抱き続けるもの」ではなく、「夢は実現させるもの」として捉えていることが多いと実感した。「夢」が単なる理想や希望ではなく、現実の「目標」となっているのだ。

その目標を達成していく過程でも、彼らには多くの共通点が見られる。その一つが、失敗することの重要性を説いている点だ。成功体験よりも失敗体験の方が多い人や、「失敗することが楽しい」とすら語る人もいた。

この主人公たちと同じように、番組の制作現場でも、スタッフはさまざまな壁に突き当たる。放送予定日の直前に主人公が体調を崩して取材ができなくなったことや、不慮の事故が立て続けに発生して一つの企画がなくなってしまったこともある。だが、主人公たちの言葉が示す通り、私たちも幾多のピンチを糧にして番組をつくり続けてきた。例えば、ある研究者を取材したとき。取材のクライマックスで実験が失敗し、慌てふためいたことがあった。放送延期にもなりかねない事態。しかし、その失敗の様子を番組の最後にあえて流すことでピンチを切り抜けた。必ずしも毎回、成功談で終わる番組でなくてもいいのでは？　そんな新しい発想が生まれた瞬間だった。

奮闘を繰り広げる主人公たちの夢、いや目標を達成する期間は、1年や2年の単位では収まらない。10年、20年、中には30年以上も努力を続けている人たちがいる。しかし、その途方もなく長い年月の間、自分の目標として持ち続けられるものこそが、本当の「夢」と言えるのだろう。

２００４年に「夢の扉」の放送を開始して以来、10年間で４８３名ものドリームメーカーたちを紹介してきた。２０１１年4月にリニューアルしてからの間だけでも１９０名以上に上る。ご協力いただいた方々には、この場を借りて感謝の気持ちをお伝えしたい。多くの方々は今もなお、さらなる夢の実現に向け、日々、奮闘しているに違いない。本当に頭の下がる思いだ。常にあきらめない、その不屈の精神を持った彼らの心に刻まれた言葉は、我々一人ひとりにとっても示唆に富む内容にあふれている。彼らに続き、今後も番組では各方面で活躍するドリームメーカーの生き様や言葉を紹介していく。その内容が、多くの人々の明日を生き抜く活力になっていくとしたら、これ以上うれしいことはない。

最後に、本書を出版するにあたって、多くの方々から多大なご協力を得た。また番組スタッフにもがんばってもらった。お世話になった方々に深く感謝の意を表したい。

TBSテレビ　報道局「夢の扉＋」　チーフプロデューサー　黒岩亜純

夢の扉+　あきらめない人が心に刻んだ24の言葉

2015年3月2日　初版第１刷発行

編者　TBS「夢の扉＋」制作班
発行者　長谷部敏治
発行所　NTT出版株式会社
〒141-8654
東京都品川区上大崎3-1-1　JR東急目黒ビル
営業担当／TEL 03-5434-1010　FAX 03-5434-1008
編集担当／TEL 03-5434-1001
http://www.nttpub.co.jp

編集　佐藤弘明（アーク・コミュニケーションズ）
印刷・製本　株式会社 光邦

協力　TBSテレビ　ライセンス事業部
協力・監修　独立行政法人宇宙航空研究開発機構
(P88-95で紹介しているイプシロンロケット プロジェクトマネージャーの森田さんのページのみ)

©TBS,NTT Publishing 2015 Printed in Japan
ISBN 978-4-7571-2346-5　C0095

・乱丁・落丁はお取り替えいたします
・定価はカバーに表示してあります